*Luís e
Zélia Martin*

Hélène Mongin

Luís e Zélia Martin

Os pais de Santa Teresinha

Paulinas

Dados Internacionais de Catalogação na Publicação (CIP)
(Câmara Brasileira do Livro, SP, Brasil)

Mongin, Hélène
   Luís e Zélia Martin : os pais de Santa Teresinha / Hélène Mongin ; [tradução
Tiago José Risi Leme]. – 2. ed. – São Paulo : Paulinas, 2016. – (Coleção testemunhos
de santidade)

   Título original: Louis et Zélie Martin : les saints de l'ordinaire
   ISBN 978-85-356-4143-1

   1. Martin, Luis, 1823-1894 - Biografia 2. Martin, Zélia, 1831-1877 -
Biografia 3. Teresa do Menino Jesus, Santa, 1873-1897 - Família I. Título.
II. Série.

16-02587   CDD-248.409

Índice para catálogo sistemático:
   1. Biografias : Vidas cristãs : Cristianismo 248.409

Título original da obra: *Louis et Zélie Martin. Les saints de l'ordinaire*
© 2008 Éditions de l'Emmanuel; 37, rue de l'Abbé Grégoire – 75006 Paris (France)

2ª edição – 2016
4ª reimpressão – 2025

Direção-geral: *Bernadete Boff*
Editora responsável: *Andréia Schweitzer*
Tradução: *Tiago José Risi Leme*
Copidesque: *Mônica Elaine G. S. da Costa*
Coordenação de revisão: *Marina Mendonça*
Revisão: *Sandra Sinzato*
Gerente de produção: *Felício Calegaro Neto*
Capa e diagramação: *Telma Custódio*
Fotos: *Office Central de Lisieux e Pèlerinage Sainte Thérèse*

Nenhuma parte desta obra poderá ser reproduzida ou transmitida
por qualquer forma e/ou quaisquer meios (eletrônico ou mecânico,
incluindo fotocópia e gravação) ou arquivada em qualquer sistema ou
banco de dados sem permissão escrita da Editora. Direitos reservados.

Cadastre-se e receba nossas informações
paulinas.com.br
Telemarketing e SAC: 0800-7010081

Paulinas
Rua Dona Inácia Uchoa, 62
04110-020 – São Paulo – SP (Brasil)
📞 (11) 2125-3500
✉ editora@paulinas.com.br
© Pia Sociedade Filhas de São Paulo
São Paulo, 2011

*A Jean-Paul e Morina,
Stéphane e Julie,
Patrick e Joséphine,
os Martin de amanhã.*

Agradeço, de todo o coração,
a Dom Lagoutte, reitor de Lisieux, por seu belo prefácio;
às irmãs do Carmelo de Lisieux, pelas orações e fotografias;
a Julie Romer e Claire Perot, por suas correções cheias de cuidado;
à irmã Alexandra Dominique e Marie Perier, pelo apoio;
a Dominique Menvielle,
que me estimulou e conduziu em meu trabalho.

■

Há pessoas que Deus escolhe e preserva à parte. Outras, ele não "retira do mundo" e as deixa junto à multidão.

São pessoas que têm um trabalho comum, formaram um lar comum ou simplesmente não se casaram. Pessoas que têm enfermidades comuns, lutos comuns. Pessoas que têm uma casa comum, usam roupas comuns. São pessoas que levam uma vida comum. Pessoas que encontramos em qualquer esquina. [...] Como nós, que acreditamos, com todas as nossas forças, que este mundo no qual Deus nos colocou é, para nós, o lugar de nossa santidade. [...] Não importa o que tenhamos a fazer: varrer ou segurar uma caneta. Falar ou ficar em silêncio, consertar algo ou dar uma palestra, cuidar de um enfermo ou desempenhar a função de secretário.

Tudo isso nada mais é do que o invólucro de uma realidade esplêndida, o encontro da alma com Deus, a cada minuto renovada, a cada minuto enriquecida em graça, sempre mais enfeitada para Deus.

Alguém se encontra à porta? Vamos logo atender: é Deus que vem nos amar. Uma informação?... Ali está ele... é Deus que vem nos amar. É hora de nos sentarmos à mesa? Vamos: é Deus que vem nos amar.

Não nos preocupemos com o que ele reserva para nós.

Madeleine Delbrêl
Nós, as pessoas comuns.

SIGLAS UTILIZADAS

CF – Louis et Zélie Martin, *Correspondance familiale, 1863-1885* [*Luís e Zélia Martin, Correspondência familiar, 1863-1885*], Éditions du Cerf, 2004.
HF – P. Stéphane-Joseph Piat, ofm, *Histoire d'une famille* [*História de uma família*], Téqui, 1997.
CT – Cartas de Teresinha do Menino Jesus.
PN – Poesias de Teresinha do Menino Jesus.

A numeração das cartas e das poesias é a mesma da edição comemorativa do centenário, reunida em *Oeuvres complètes* [*Obras completas*], em um volume (Éditions du Cerf-DDB, 1992).

NOTA DA EDITORA

Este livro foi escrito originalmente por ocasião da beatificação de Luís e Zélia Martin pelo Papa Bento XVI, em 2008. Por tal motivo, em algumas passagens do livro, o casal é chamado de "bem-aventurado".

O Papa Francisco, no dia 18 de outubro de 2015, canonizou os pais de Santa Teresinha, tornando-os São Luís Martin e Santa Maria Zélia Guérin. Foi a primeira vez que um Papa canonizou ao mesmo tempo um marido e sua esposa. Outros casais já foram canonizados, mas em datas diferentes.

Disse o Papa Francisco na homilia de canonização:

> Os santos esposos Luís e Zélia Martin viveram o serviço cristão na família, construindo dia após dia um ambiente cheio de fé e amor; e, neste clima, germinaram as vocações das filhas, nomeadamente a de Santa Teresinha do Menino Jesus.
>
> O testemunho luminoso destes novos santos impele-nos a perseverar no caminho do serviço alegre aos irmãos, confiando na ajuda de Deus e na proteção materna de Maria. Que eles, do Céu, velem sobre nós e nos apoiem com a sua poderosa intercessão.

Que floresçam em nossa sociedade muitos outros casais santos. São Luís Martin e Santa Maria Zélia Guérin, rogai por nós!

PREFÁCIO

Ao inscrever Luís e Zélia Martin no rol dos bem-aventurados, no dia 18 de outubro de 2008, o Papa Bento XVI os estaria fazendo sair da obscuridade? Eles não são completos desconhecidos, já que sua filha, Santa Teresinha do Menino Jesus, em *História de uma alma*, os evoca. No entanto, aparecem em segundo plano: só existem enquanto "pais de Teresinha".

Em 1925, após ter sido reconhecida a santidade da filha, muitos disseram que se deveria "trabalhar em favor do pai". Foi, sobretudo, depois de 1946 que se colocou a mãe em evidência. A notoriedade do casal mudou de direção. Eles passaram a ser vistos por si próprios. O que se tornou importante, ou mesmo essencial aos olhos da Congregação para a Causa dos Santos, é a reputação de santidade deles. Certamente está na base de tudo o belo exemplo de vida cristã e familiar que eles deram a sua época, mas o mais importante é o lugar que eles encontraram no coração dos cristãos. Passamos a amá-los, a tomá-los por modelos, a pedir sua intercessão. Eles passaram a ocupar o lugar próprio a nossos amigos santos. Foi isso que a Igreja percebeu.

Como explicar o fascínio que eles provocaram e que tem progressivamente crescido em nossos dias?

Para entender isso, é preciso lançar sobre eles um novo olhar, simples, afetuoso e exigente, a fim de que se possam apresentar as diferentes facetas de sua personalidade e de sua história. A biografia de Hélène Mongin se situa nessa perspectiva. Ela quer mostrar, em linguagem direta, os pontos principais de seu percurso. É o olhar de uma mulher apaixonada, que vem nos falar deles de modo a também podermos deixá-los entrar em nossa vida. Não poderíamos pensar que, ainda hoje, uma das jovens Martin gostaria de nos falar assim de seus pais?

Várias biografias certamente vão aparecer, trazendo enfoques complementares sobre Luís e sobre Zélia. A presente obra constitui um caminho que há de contribuir para torná-los amados, para garantir-lhes um lugar em nossa vida e fazer deles nossos guias e auxiliares em nosso dia a dia.

Dom Bernard Lagoutte,
Reitor do Santuário de Lisieux.

INTRODUÇÃO

A beatificação de Luís e Zélia Martin, no dia 19 de outubro de 2008, foi um acontecimento histórico: pela segunda vez em sua história, a Igreja beatificou um casal.[1] E não se trata de um casal sem importância, mas dos pais da "maior santa dos tempos modernos", *dixit* Pio X: Teresinha do Menino Jesus. Com isso, a Igreja quis pôr em evidência uma Sagrada Família de nossa época e dar uma resposta cheia de esperança aos violentos ataques que a célula familiar tem sofrido. Portanto, Luís e Zélia não foram beatificados por causa de sua filha. Teresinha certamente revelou a seus leitores o perfil de seus pais; além do mais, esta frase de Jesus: "Uma árvore boa não pode dar frutos ruins" (Mt 7,17-20) se torna mais clara diante de Teresinha e de seus pais. Mas o papel da filha para por aí. É a santidade própria de Luís e Zélia que a Igreja reconhece, e uma santidade profética para nosso tempo. Seu exemplo nos mostra que a santidade, longe de ser um ideal reservado a almas cheias de qualidades, consagradas ou mártires, é uma escolha e uma graça oferecida a todos.

---

[1] Em 21 de outubro de 2001, Luigi e Maria Beltrame Quattrocchi, um casal italiano, foram beatificados por João Paulo II.

Luís e Zélia, apesar do século que nos separa deles, têm condições de vida surpreendentemente semelhantes às nossas. Ambos trabalham, ao mesmo tempo em que educam as filhas; correm contra o tempo, conhecem as alegrias e dificuldades de manter uma família e morrem em decorrência de enfermidades que nos são comuns: Zélia, devido a um tumor no seio; Luís, por conta de uma arteriosclerose, doença que atinge o cérebro e o conduziria por três anos a um hospital psiquiátrico. O que faz a santidade do casal Martin não são os acontecimentos em si, mas o modo como marido e mulher os vivem. Em todos os aspectos de sua vida, eles possuem apenas uma fonte, apenas um objetivo: o amor de Deus. Longe de desligá-los da realidade, essa orientação do coração faz de sua vida habitual uma aventura de amor em que eles educam – no sentido próprio do termo – sua família, os que lhes são próximos, seus amigos, vizinhos, empregados e, doravante, toda a Igreja.

Possa o leitor experimentar a mesma felicidade que tive ao estudar a vida de Luís e Zélia. Para isso, recorri a vários documentos que indico àqueles que desejarem conhecer melhor o casal Martin:

- A *Correspondance familiale (1863-1885)* [*Correspondência familiar (1863-1885)*] (Éditions du Cerf, 2004), que reúne 217 cartas de Zélia, grande parte delas destinada a seu irmão e a sua cunhada de Lisieux, e que foram redigidas entre 1863 e 1877, ano de seu falecimento. Desse modo, é ela a narradora da família, pois Luís não gosta de escrever. Quanto a esse período, que ninguém se espante ao vê-la representar o papel de protagonista de nossa história, na medida em que as fontes sobre ela são muito mais abundantes. Vibrantes, bem-humoradas e marcadas pela espontaneidade, essas cartas nos permitem entrar na intimidade de Zélia e de sua família. Na mesma obra, encontramos quinze cartas de

Luís, a maioria posterior à morte de sua mulher, nas quais descobrimos um homem terno e profundo, apaixonado por Deus.

- *Histoire d'une famille* [*História de uma família*], do Padre Piat (Téqui, reedição de 1997). Trata-se da biografia de referência, sobre a qual Celina Martin, filha do casal, dirá que é tudo verdade. Publicada em 1946, a obra conserva o estilo deliciosamente antiquado da época, o que não a torna menos perfeitamente completa e documentada.

- *Zélie Martin* e *Louis Martin*, do Doutor Cadéot (François-Xavier de Guibert, 1996), duas excelentes biografias baseadas no testemunho de Celina a respeito de seus pais e numa pesquisa histórica rigorosa. Infelizmente, essas obras estão esgotadas.

- *Zélie et Louis Martin, les saints de l'escalier* [*Zélia e Luís Martin, os santos da escada*], de Henri e Alice Quantin (Éditions du Cerf, 2004). Sem concordar com todas as suas análises, tenho de agradecer-lhes por terem brilhantemente demonstrado a incoerência das sórdidas acusações levantadas contra Luís e Zélia Martin por certas pessoas que não merecem ser citadas. Eles me permitem não voltar a essa polêmica desconcertante.

- *La mère de Sainte Thérèse de l'Enfant Jésus* [*A mãe de Santa Teresinha do Menino Jesus*] e *Le père de Sainte Thérèse de l'Enfant Jésus* [*O pai de Santa Teresinha do Menino Jesus*], de Celina Martin (Carmelo de Lisieux, 1953-1954).

- As *Oeuvres complètes* [*Obras completas*] (Éditions du Cerf-DDB, 1992) de Teresinha do Menino Jesus, que continuam a ser a melhor fonte sobre Luís.

- Várias edições de *Thérèse de Lisieux* e *Vie thérésienne*, revistas ricamente documentadas, publicadas por Pèlerinage Sainte Thérèse de Lisieux.

Como nos contos de fadas, poderíamos resumir assim a história que se segue: "Viveram felizes e tiveram muitos filhos", mas... à sombra da Cruz. E é na intimidade de uma família bastante real, e infinitamente apaixonante, que entraremos agora, indo ao encontro dos rostos, tão santos e tão humanos, de Luís e Zélia.

A JUVENTUDE
OU O DESEJO DE DEUS

No dia 13 de julho de 1858, Luís Martin se casa com Zélia Guérin na linda Igreja Nossa Senhora de Alençon. Ele tem 34 anos; ela, 26. Eles só se conhecem há três meses, mas não têm a menor dúvida de que esse casamento seja vontade de Deus. Entretanto, não foi a essa vocação que esses dois ardentes corações aspiraram quando jovens. O caminho que os conduziu um ao outro revela como "Deus escreve certo por linhas tortas".

Luís nasce em 22 de agosto de 1823, na cidade de Bordeaux. Seu pai, Pedro Francisco Martin, é capitão do exército francês, tendo participado das guerras napoleônicas, posteriormente vivendo em numerosas guarnições: Bordeaux, Avignon, Estrasburgo. Em 1818, casa-se com Fanny Boureau, filha de um de seus amigos militares, oferecendo o dote que ela não tinha condições de apresentar. Portanto, é de um casal unido que nascem Luís e seus quatro irmãos e irmãs, falecidos prematuramente. A fé de seus pais é muito viva: quando certa vez alguns soldados perguntam ao capitão Martin por que ele fica tanto tempo de joelhos durante a missa, ele responde: "É porque eu acredito". Os que lhe eram mais chegados também ficavam impressionados pela maneira como ele recitava o Pai-Nosso. Fanny, por sua vez, é uma mulher de oração, como mostra o seguinte trecho de uma carta enviada a seu filho: "Quantas vezes penso em você, quando minha alma, elevada a Deus, segue o impulso de meu coração e se lança ao pé do trono da divindade! Ali eu oro com todo o fervor de minha alma".[1] Desse modo, Luís recebe a fé católica na mamadeira.

Sabemos pouco sobre seus primeiros anos: de guarnição em guarnição, eles foram ritmados pela vida militar, da qual Luís conservará o gosto pela disciplina e por viajar. Em 1830, o capitão Martin obtém a aposentadoria e retorna a sua Normandia natal, instalando-se na cidade de Alençon. Nessa cidade, Luís não frequenta o curso secundário, mas recebe uma educação que lhe possibilita manifestar inteligência e discernimento acertados, sobretudo em literatura. Como seu pai, ele poderia escolher a carreira militar, mas após o fim da epopeia napoleônica, o exército francês havia perdido muito de sua altivez. De fato, Luís manifesta menos o gosto pela aventura do que pela interioridade. Assim, durante a permanência na casa de um tio relojoeiro em Rennes, descobrindo esse ofício minucioso e tranquilo, ele se apaixona pela profissão e pela Bretanha. Permanece aí nos anos de 1842 e 1843, aprendendo as bases do ofício de relojoeiro, ao mesmo tempo em que mergulha na leitura dos grandes autores. Pelo caderno em que copia inúmeros textos, sabemos que ele gosta particularmente dos românticos, com uma predileção por Chateaubriand, embora também aprecie Bossuet, Fénelon... Por intermédio de seus gostos literários, descobrimos um traço de caráter importante em Luís: ele é muito sensível à beleza, seja a da literatura, seja a das paisagens bretãs. Com frequência, caminhando pelo campo, ele terá de parar para chorar de emoção

---

[1] Pe. Stéphane-Joseph Piat, ofm. Histoire d'une famille (abreviado a partir de agora HF). Paris: Téqui, 1946, reed. 1997, p. 13.

diante da magnificência da criação – sensibilidade romântica própria a sua esposa, mas da qual Luís se distingue ao descobrir sempre o Criador naquilo que contempla. Poucas coisas o deixam tão feliz quanto pegar seu bastão de peregrino e percorrer, numa longa oração, espaços magníficos.

É exatamente isso que ele faz pela primeira vez em setembro de 1843, ao atravessar os Alpes suíços a pé e descobrir o grande sonho de sua juventude: o mosteiro do Grande São Bernardo. A dois mil e quinhentos metros de altitude, eleva-se a altiva construção onde vivem os cônegos de Santo Agostinho, que dividem o tempo entre vida contemplativa e salvamentos nas montanhas. Oração, beleza, heroísmo: o suficiente para agradar nosso jovem amigo com sede de absoluto. Durante dois anos, Luís deixa amadurecer dentro de si o desejo de entrar nessa ordem, prosseguindo em Estrasburgo sua formação no ofício de relojoeiro. São anos inesquecíveis, ao longo dos quais ele conhece excelentes amigos, com eles vivendo uma juventude alegre e orante. Em 1845, porém, ele mesmo põe fim a esse período, preferindo retornar ao Grande São Bernardo para responder ao que acredita ser um chamado do Senhor. Mas então vem a decepção. O senhor abade, inicialmente entusiasmado diante desse rapaz fervoroso e equilibrado, mostra-se reticente ao saber que Luís não fez o curso secundário. Para entrar em seu mosteiro, é preciso saber latim. Ele então convida Luís a voltar depois de retomar e concluir seus estudos. O jovem volta a Alençon, onde por mais de um ano mergulha nos livros e estuda latim com um professor particular. Mas uma doença vem interromper seus esforços. Luís reconhece nisso um sinal da Providência e renuncia, com dor no coração, à vida monástica.

Ele decide então terminar sua formação de relojoeiro em Paris. É duramente provado pela vida parisiense, experimentando na capital variadas tentações: exemplos de vida dissoluta, convite para entrar numa sociedade secreta, influência do livre pensar voltariano, dificuldade para manter uma vida de oração na agitação da capital... Segundo seu próprio testemunho, foi-lhe necessária muita coragem para conseguir a vitória. Sua coragem, já nessa época, não se apoia sobre suas próprias forças, mas sobre a força de Deus. O jovem Luís redobra a oração e se confia particularmente à Virgem Maria, no Santuário de Nossa Senhora das Vitórias, que ele sempre amará de uma maneira particular. Como o ouro provado no crisol, Luís sai purificado de seus anos na capital e se baseará nessa experiência por toda a vida: tendo conhecido as tentações da vida do mundo, ele jamais cessará de denunciá-las, de encorajar os que lhe são próximos a não cair nelas.

Com seu trabalho bem definido, aliviado, ele volta a Alençon e instala, na rua du Pont-Neuf, sua relojoaria, à qual logo acrescentará uma joalheria. A essa altura, Luís está com 27 anos e durante oito anos sua vida passará tranquilamente entre oração, trabalho, leitura e distrações. Com um caráter tão alegre e agradável quanto profundo, ele rapidamente adquire inúmeros amigos, com os quais se encontra no grupo Vital Romet, batizado com o nome de seu fundador, grande amigo de Luís; ali se joga bilhar e se estudam assuntos relativos à fé. Ele também dedica muitas horas a seu passatempo preferido: a pesca (apelidam--no de "Martin pescador"!). Em 1857, compra uma pequena torre octogonal, batizada Pavilhão, que é por ele mobiliada sobriamente e suas paredes, como nos mosteiros, enfeitadas com piedosas frases, reveladoras de sua espiritualidade: "Deus me vê", "A eternidade se aproxima e não pensamos nela", "Bem--aventurados os que cumprem a lei do Senhor". Ali ele se retira regularmente para ler e orar.

Eis a deliciosa descrição que o Padre Piat nos faz de Luís nessa época: "Estatura elevada, postura de oficial, fisionomia simpática, testa larga e descoberta, pele clara, com um belo rosto emoldurado por cabelos castanhos e, nos olhos verde-azulados, uma chama doce e profunda: ele tinha ao mesmo tempo algo do nobre e do místico, e não deixava de impressionar".[2] Nem de chamar a atenção das moças da cidade. Mas Luís recusa categoricamente qualquer ideia de casamento, não tendo ainda conseguido enterrar seus desejos de vocação monástica. Ele inclusive volta regularmente ao latim. Aliás, é de uma vida quase monacal no mundo que esse tranquilo jovem de 34 anos se aproxima cada vez mais. Mas sua mãe está atenta. Impossível para Fanny Martin ver seu filho querido acabar solteiro; ela busca a qualquer custo vê-lo casado, e acaba encontrando a preciosíssima pérola...

Maria Azélia (Marie-Azélie) Guérin, chamada Zélia, nasce em 23 de dezembro de 1831, em Saint-Denis-sur-Sarthon, no departamento do Orne. Como ocorre entre os Martin, seu pai é militar, participou das guerras napoleônicas e também decide se aposentar em Alençon. Mas seu salário é baixo e a família economiza cada centavo: Zélia nunca teve uma boneca. O ambiente familiar não parece ter sido dos mais felizes: Isidoro Guérin, o pai, é um homem bom, mas rude, e sua esposa, Luísa Joana, uma mulher pouco afetuosa, que frequentemente confundia fé com rígido moralismo. Referindo-se a sua infância, Zélia dirá que ela foi "triste como um lençol mortuário" e que, com sua mãe muito severa, seu coração "sofreu muito". Ela não é mais feliz no plano físico do que no plano afetivo: dos 7 aos 12 anos, está continuamente doente; depois, passa sua adolescência atormentada por enxaquecas insuportáveis, o que não a impede de receber uma ótima educação junto às Irmãs da Adoração Per-

---

[2] HF, p. 25.

pétua. Felizmente há seu irmão e sua irmã, que desempenharão em sua vida um papel essencial: Maria Luísa, chamada Elisa, mais velha que ela, é sua confidente e seu apoio (as duas são tão próximas que parecem gêmeas); e Isidoro, dez anos mais novo, a quem ela ama como filho. Além disso, há Deus, em quem Zélia canaliza toda a sua capacidade de amar.

A família Guérin também saiu de uma forte tradição católica francesa e gostava de contar as aventuras do tio Guilherme, sacerdote que, durante a Revolução, sendo procurado pelos "Azuis",* teve de passar à clandestinidade. Certa ocasião, quando levava a Eucaristia a uma família, foi atacado por um bando de jovens de índole perversa; colocando então o Santíssimo Sacramento sobre algumas pedras, disse-lhe cochichando: "Meu Deus, fique bem sozinho enquanto me ocupo daqueles ali", e empurrou os assaltantes para dentro do pântano. Outra vez, ele teve sua vida salva pela presença de espírito de Isidoro, ainda criança, que fingia brincar em cima do baú onde seu tio escondia-se dos soldados. Na família Guérin, a fé está unida ao coração, embora influenciada pelo rigorismo jansenista** ainda muito influente naquela época.

Zélia, por conta de sua infância triste, só poderia ser uma moça angustiada, cheia de escrúpulos, hipersensível e pouco confiante em si mesma. Ela de fato é tudo isso, mas também

---

* Durante a Revolução Francesa, nome que os monarquistas da região Oeste da França davam aos soldados da República, que trajavam fardas azuis. (N.T.)

** Jansenismo: movimento de caráter religioso que se desenvolveu principalmente na França, entre os séculos XVI e XVII, tendo como primeiro foco o mosteiro de Port-Royal. Apoiando-se no Augustinus de Jansenius, esse movimento hipervalorizava a graça divina, em detrimento da liberdade humana, opondo-se ferrenhamente aos jesuítas da época, que privilegiavam o livre-arbítrio. Em 1653, foi condenado como herege pelo papa Inocêncio X. (N.T.)

compreende desde a juventude o axioma do Apóstolo: "Quando sou fraco, então é que sou forte" (2Cor 12,10). Duvidando de suas próprias forças, Zélia se apoia muito cedo nas forças de Deus, estando certa de que elas jamais lhe faltarão. Sua relação com o Senhor é bastante profunda para que, antes de seus vinte anos, ela se sinta chamada à vida religiosa. Como no caso de Luís, a escolha pelo mosteiro é reveladora de sua personalidade generosa: Zélia anseia pelo hábito das Filhas da Caridade, irmãs apostólicas que unem uma vida profunda de oração ao serviço ativo dos mais pobres. Porém, o Senhor, que conhece bem o coração de seus filhos, outra vez fecha a porta: a superiora diz a Zélia, com todas as letras, que não acredita em sua vocação. Para Zélia, o golpe é duro, mas ela não é de ficar se lamentando por uma infelicidade e resolve ir à busca de um trabalho.

Durante seus anos de estudo, ela aprendeu as primeiras noções deste nobre artesanato que é o a renda de Alençon.* Essa renda aracnídea, já admirada por Napoleão, exige uma habilidade manual e uma fineza incomparáveis. Zélia decide formar-se nisso e obtém excelentes resultados. Primeiramente, vai trabalhar numa fábrica de Alençon, mas atrai as insistentes investidas de um colega de trabalho, tanto que prefere deixar o emprego. É então que, no dia 8 de dezembro de 1851, festa da Imaculada Conceição, enquanto trabalha em seu quarto, ela ouve uma voz interior a lhe dizer claramente: "Faça a renda de Alençon". Ela vai imediatamente falar com Elisa, que a encoraja, prometendo-lhe seu apoio. E as duas se lançam em tal empreendimento, mais do que audacioso, como mais tarde ela confessará: "Como pudemos, sem nenhum recurso financeiro, por assim dizer, sem nenhuma noção de comércio, levar tudo a

---

* No artesanato da renda, o ponto de Alençon tem motivos florais entrecruzados e entrelaçados. (N.T.)

bom termo, encontrando em Paris estabelecimentos que quisessem nos oferecer uma oportunidade? No entanto, foi exatamente isso o que aconteceu, e em pouco tempo, pois já no dia seguinte demos início ao trabalho".[3] E ela ainda só tem 20 anos! Zélia se torna então "fabricante de renda de Alençon".

Outra maravilhosa descrição do Padre Piat nos permite visualizá-la nessa época: "De estatura pouco abaixo da média, rosto muito bonito, com uma expressão de pureza, cabelos castanhos, sobriamente amarrados, nariz comprido e harmonioso, olhos pretos, cintilantes de decisão, neles surgindo de vez em quando uma sombra de melancolia: a moça tinha seus atrativos. Nela, tudo era vivacidade, fineza, amabilidade. De espírito impetuoso e bem formado, com altíssimo senso prático, caráter forte e, acima de tudo, uma fé intrépida: era uma mulher superior, que atraía sobre si os olhares".[4]

Os anos se passam entre oração e trabalho, unindo-a ainda mais a sua irmã, em meio às provações de um empreendimento que se inicia e da vocação contrariada de Elisa. Esta se sente atraída pela clausura, mas encontra obstáculos após obstáculos: problemas de saúde, crises de identidade... No dia 7 de abril de 1858, ela chega às portas do Convento da Visitação* de Le Mans, com este desejo radical: "Vim até aqui para ser santa". Para Zélia, a separação é de partir o coração. Naquela época, ela não suportava ficar uma só tarde longe da irmã. "Como vais fazer quando eu não estiver mais aqui?", pergunta-lhe Elisa. Zélia responde que também irá embora. E é exatamente isso o que ela faz, três meses depois da entrada de Maria Luísa no convento: ela sai de casa para se casar... com um tal de Luís!

---

[3] HF, p. 29.
[4] HF, p. 32.
* Ordem da Visitação: ordem de religiosas contemplativas, fundada por São Francisco de Sales e Santa Joana de Chantal, em 1610. (N.T.)

A mãe de Luís, Fanny Martin, faz nessa época alguns cursos de renda de Alençon e acaba conhecendo Zélia, com quem simpatiza imediatamente, vendo nela, com seu acertado instinto materno, uma nora ideal. Ela fala sobre Zélia a Luís, certamente elogiando menos a beleza da moça do que sua piedade. A resistência de Luís é abalada e ele aceita encontrar-se com Zélia.

A moça tinha o próprio Espírito Santo para aconselhá-la: é numa ponte que, por acaso, Zélia e Luís se encontram pela primeira vez. Não apenas seu belo porte a impressiona vivamente, mas uma voz interior ainda lhe confirma: "Foi ele que guardei para você". Alguns jovens que estão em busca de um melhor discernimento vocacional poderão invejar tal clareza... Mas não esqueçamos que Zélia, assim como Luís, procurou, fez tudo o que podia, cruzou desertos para encontrar sua vocação; e acima de tudo, ela tinha o coração bastante disponível para ouvir assim a voz do Espírito. Espírito que não precisa lhe revelar o nome do prometido, já que Fanny Martin cuidará disso alguns dias depois.

Portanto, os dois jovens se conhecem em abril de 1858 e, rapidamente, se apaixonam. A sintonia entre eles logo se firma: ficam noivos e, com o consentimento do sacerdote que os prepara ao matrimônio, decidem casar-se no dia 13 de julho.

Dessa união vão nascer nove filhos, dos quais Luís e Zélia vão cuidar sem precisar deixar a relojoaria e o comércio de rendas. Cinco filhas viverão para dar a conhecer ao mundo inteiro seus pais: Maria nasce em 1860; Paulina, em 1861; Leônia, em 1863; Celina, em 1869; Teresinha, em 1873. E seus quatro anjinhos que foram cedo para o Céu: Helena, em 1870, com 5 anos de idade; José, em 1866; João Batista José, em 1867, e uma primeira Teresinha, em 1870.

UM CASAMENTO DE AMOR

A base de uma família é o casal, e os Martin não fogem à regra. Quem é esse casal formado por Luís e Zélia? Voltemos ao momento de sua fundação em Deus, no dia 13 de julho de 1858. Temos o costume de dizer que esse casamento noturno, celebrado à meia-noite, era "uma tradição local". Conhecendo os dois jovens, talvez precisemos ver além disso. Eles poderiam muito bem ter-se casado à luz do dia, em meio a uma grande festa. Mas ao fazer essa escolha, Luís e Zélia enfatizam o essencial: o sacramento. Retirando tudo o que é acessório e frequentemente demasiado chamativo, eles lembram que o compromisso assumido diante de Deus e com Ele é o que conta antes de tudo no "dia mais lindo da vida". Portanto, é na discrição e na oração, rodeados por alguns parentes e amigos, que Luís e Zélia se dão o sacramento do matrimônio. Luís oferece então a sua esposa uma bela medalha representando Tobias e Sara, o casal bíblico. Na noite de seu casamento, Tobias orou assim: "[Senhor,] não é por prazer que tomo esta minha irmã, mas com reta intenção. Digna-te ter piedade de mim e dela e conduzir-nos juntos a uma idade avançada" (Tb 8,7).*

---

* Esta tradução foi extraída da *Bíblia de Jerusalém*. São Paulo: Paulus, 2002. A tradução de acordo com o trecho citado por Hélène Mongin é

Zélia fará, quinze anos depois, o relato de seu primeiro dia de casamento a sua filha Paulina. Quando foi apresentar seu marido a sua irmã visitandina, doravante Irmã Maria Dositeia, passou um dia inteiro... chorando. Ver sua irmã religiosa desperta o sofrimento da separação e atiça sua frustração pela vida religiosa, nela que acaba de se comprometer por seu matrimônio a permanecer "no mundo". Mas há também um choque mais delicado a contar: um dia antes, Luís precisou se encarregar de lhe explicar "as coisas da vida", como se dizia pudicamente na época, ou seja, as que se referem à sexualidade, assunto no qual Zélia havia permanecido completamente ignorante. Ignorância que hoje nos parece inacreditável, mas comum na época. Podemos imaginar facilmente a dificuldade para digerir essas inesperadas revelações, dificuldade que explica em parte as lágrimas do dia seguinte. É então que Luís, com uma delicadeza pouco comum, propõe a Zélia viverem como irmãos. A razão dessa proposta não se encontra somente no profundo respeito que ele tem por sua mulher, mas se compreende também por sua aspiração à santidade. Luís havia estudado a questão da virgindade no matrimônio: encontraram-se em seus cadernos de anotações vários textos sobre a legitimidade dos casamentos não consumados, cujo exemplo mais perfeito é o de Maria e José. Para esses jovens que haviam sonhado consagrar-se a Deus, numa época em que muito se louvava na Igreja a perfeição da virgindade, a solução parece óbvia: casar-se, sim, mas viver no matrimônio como religiosos. Poderemos achar graça num projeto como esse, mas não deixemos de identificar a parcela de generosidade e de respeito ao outro nele subjacente. Falando com palavras veladas sobre essa escolha ao descrever a Paulina seu primeiro dia de matrimônio,

---

a seguinte: "Senhor, tu o sabes: se me caso com esta filha de Israel, não é para satisfazer minhas paixões, mas somente pelo desejo de fundar uma família que bendirá teu nome pelos séculos sem fim". (N.T.)

Zélia comenta: "Seu pai me entendia e me consolava o melhor que podia, pois tinha gostos semelhantes aos meus; creio inclusive que nossa afeição recíproca aumentou por conta disso, nossos sentimentos estavam sempre em uníssono".[2]

Luís e Zélia fazem da castidade uma experiência sem dúvida bastante semelhante à dos jovens de hoje, que optam por vivê-la antes do matrimônio, testemunhando posteriormente a solidez que essa escolha deu a sua união. Durante esse período, Zélia escreve a sua irmã o quanto está feliz. Assim, eles vivem durante dez meses como irmão e irmã, abrindo-se, contudo, à vida, já que adotam então um garotinho que um pai atarefado lhes confia durante alguns anos. Tempo de amadurecimento para o casal e para a compreensão de sua vocação. Pouco a pouco, Luís e Zélia descobrem que o matrimônio, longe de ser uma alternativa prevista por Deus ao insucesso de seu projeto de consagração, é a verdadeira vocação a que são chamados viver plenamente. Quando seu confessor os convida a pôr fim a sua abstinência, eles estão prontos a aceitar. O nascimento dos bebês os confirma ainda mais em seu chamado: "Quando tivemos nossos filhos, nossas ideias mudaram um pouco; vivíamos apenas para eles e nisso consistia nossa completa felicidade, a qual pudemos encontrar somente neles. Finalmente, nada mais nos perecia custoso; o mundo não nos era mais um peso".[3]

Aquela que dirá ter sido "feita para ter filhos" conserva com seu marido um grande respeito pela vida religiosa, mas nenhum arrependimento: "Ah! que bom! Não me arrependo por ter me casado". Deus os orientou em seu desejo de santidade para a forma de vida mais adequada ao seu crescimento: o casamento

---

[2] *Correspondance familiale* [Correspondência familiar] (1863-1885). Paris: Éditions du Cerf, 2004. Carta 192 (abreviaremos doravante CF, acrescentando o número da carta).
[3] Ibid.

e, particularmente, o fato de serem pais. Luís e Zélia reconhecem seu chamado a ter muitos filhos e, segundo sua bela expressão, a "educá-los para o Céu". Ao contrário do que primeiramente pensavam, não é apesar do casamento, mas no e pelo casamento que eles se santificam.

O casal formado por Luís e Zélia tem como ponto de apoio uma amizade sólida, cheia de ternura e cumplicidade, amizade essa que os anos só conseguem aprofundar. Após cinco anos de casamento, Zélia escreve: "Continuo muito feliz com ele, que torna minha vida mais doce. Que santo homem é meu marido! Desejo para todas as mulheres um marido como ele".[4] Ao falar de seu marido ou quando se dirige a ele, Zélia não pode abster-se de acrescentar um adjetivo, sempre o mesmo: "Meu bom Luís". Essa palavrinha diz tudo sobre a relação dos dois. Porém, bem mais do que a amizade, podemos perceber, por trás da enorme falta que eles demonstram sentir quando uma ocasião qualquer os separa, o lugar imenso que cada um ocupa no coração do outro.

As cartas que eles trocam em tais ocasiões mostram toda a vivacidade de um amor cheio de ternura: "As crianças estão satisfeitas; se o tempo estivesse bom, elas estariam no auge da felicidade. Quanto a mim, não estou nem aí para isso! Nada disso me interessa! Sinto-me exatamente como aqueles peixes que são tirados da água; eles não estão mais em seu hábitat, é natural que pereçam! O efeito para mim seria o mesmo se minha estadia tivesse de se prolongar muito. Não me sinto à vontade, não estou no meu ambiente, o que influencia em meu físico, deixando-me quase doente. No entanto, tento agir com racionalidade e ser forte; sigo-o em espírito todo o dia; digo para mim mesma: 'Ele está fazendo tal coisa neste momento'. Está demorando muito

---

[4] CF 1.

para estar ao seu lado, meu querido Luís; amo você de todo o meu coração, e ainda sinto dobrar minha afeição pela privação de sua presença; seria impossível para mim viver longe de você. [...] Beijo-o do mesmo modo como o amo".[5]
Tratar-se-ia aqui da comoção de uma recém-casada apaixonada? Não. Essa carta foi escrita aos quinze anos de matrimônio! Luís se tornou então o "hábitat" de Zélia. E quando Luís, por sua vez, precisa se ausentar de casa em viagens de negócios, ele lhe escreve com sua habitual delicadeza: "Querida amiga, só poderei chegar a Alençon na segunda-feira. O tempo me parece longo, está demorando para voltar a vê-la. Não preciso dizer que sua carta causou em mim grande alegria, exceto por ficar sabendo que você tem se cansado excessivamente. Assim, recomendo-lhe exatamente a calma e a moderação, sobretudo no trabalho! Tenho algumas encomendas da Companhia de Lyon; mais uma vez, não se atormente tanto, com a ajuda de Deus conseguiremos construir uma boa casinha. Tive a felicidade de receber a comunhão na Igreja de Nossa Senhora das Vitórias, que é como um pequeno paraíso terreno. Também acendi uma vela na intenção de toda a família. Beijo-a de todo o coração, à espera da felicidade de juntar-me a vocês. Espero que Maria e Paulina estejam se comportando bem! Seu marido e verdadeiro amigo, que a ama por toda a vida!".[6]

Essas cartas bastante raras nos revelam uma cumplicidade que resiste aos anos e aos pequenos incidentes que se fazem perceber nas entrelinhas: "Quando você receber esta carta, estarei ocupada a arrumar sua mesa de trabalho; não se preocupe, não perderei nada, nem mesmo uma velha régua, nem um pedaço de elástico, enfim, nada, e depois tudo estará limpo de alto a baixo! Você também não poderá dizer que 'apenas mudei a poeira de lugar',

---
[5] CF 108.
[6] CF 2 bis.

pois ela já não existirá mais. [...] Beijo-o de todo o meu coração. Hoje estou tão feliz por pensar em revê-lo, que não consigo trabalhar. Sua mulher que o ama mais que a própria vida".[7] "Toda sua"[8] são as últimas palavras que Zélia escreverá a Luís.

Suas cartas e os testemunhos de suas filhas nos permitem descobrir a esposa que Zélia era: alegre, vibrante, afetuosa e disponível a todos, confiante em seu marido e bem-humorada, com um dom especial para rir de si mesma, o que contrasta de modo surpreendente com sua autopercepção: angustiada, deprimida, distante da santidade. O sentimento de angústia está muito presente ao longo de toda a sua vida e ela confessa que isso às vezes constitui um verdadeiro suplício. Quando as provações são muito pesadas, ela se deixa invadir por aquilo que chama de "ideias sombrias". Mas sempre, e cada vez mais, sua fé e a presença tranquilizadora de Luís a ajudam a superar esses sofrimentos. Zélia é uma mulher forte e santa não porque não tenha medos nem fragilidades, mas porque, com eles, ela generosamente se coloca à disposição dos outros, de Deus, numa confiança que se aprofunda incessantemente. Sua grande sensibilidade a cobre de deliciosa delicadeza. Além disso, é uma mulher ativa, trabalhando ininterruptamente para sua família e sua empresa, sem conceder um tempo para si mesma. Sentindo em seu interior a necessidade de se doar continuamente, ela responde a esse anseio com tanta generosidade que morrerá, por assim dizer, com a agulha nas mãos, sem nunca ter tido o menor descanso.

No processo de beatificação de Teresinha, Celina descreve assim sua mãe: "Nossa mãe foi enriquecida com uma inteligência superior e uma energia extraordinária". Querendo iluminar

---

[7] CF 47.
[8] CF 208.

seu irmão sobre a escolha de uma boa esposa, sem querer ela faz a descrição de si mesma: "O principal é procurar uma boa dona de casa, que não tenha medo de sujar as mãos no trabalho e que se cuide sem ser vaidosa, que saiba educar os filhos no trabalho e na piedade".[9] Decerto, em tudo isso falta um pouco de romantismo, do qual Luís e Zélia não são desprovidos, mas numa época em que os casamentos por amor continuam a ser uma exceção, os conselhos de Zélia revelam um bom senso natural da Normandia. Portanto, Zélia é uma boa esposa para Luís, que verdadeiramente a completa.

Calmo e reflexivo, ele assume a responsabilidade sobre a família e sustenta sua mulher com muita delicadeza. Frequentemente se disse, a seu respeito, que ele era um homem doce, algumas vezes deixando nas entrelinhas uma ideia de fraqueza, o que não condiz com a verdade: Luís não deixa nada a desejar em relação à energia de sua esposa. A extrema doçura que, no crepúsculo de sua vida, atingirá os que o rodeiam, é muito mais o resultado de uma prática fiel da caridade do que um dom inato. A própria Teresinha dá testemunho disso: "A exemplo de São Francisco de Sales, ele chegou a se tornar mestre de sua vivacidade natural, de modo que parecia ter a natureza mais doce do mundo...".[10]

Não mais do que Zélia, ele não poupa forças pelos seus. Luís é antes de tudo um homem de uma grande retidão, não suportando a injustiça, nem a hipocrisia. Seu temperamento enérgico mostra do que ele é capaz quando se trata de lutar a favor de causas espirituais ou contra iniquidades: assim, ele que não gosta muito de escrever, se dará ao trabalho de atormentar com cartas os administradores de uma casa de repouso para conseguir a internação de um idoso necessitado. A bondade de Zélia acalma os ânimos, incitando-o

---

[9] CF 10.
[10] *História de uma alma*. Manuscrito A, 71 v.

a uma maior misericórdia em relação a uma funcionária pouco digna, ou impedindo-o de isolar-se muito na solidão. Luís e Zélia têm em comum, além do meio de origem e das ideias sociais, um coração generoso, uma energia bem empregada, o gosto por um trabalho que exige precisão e paciência, mas principalmente, ao que voltaremos em tempo oportuno, a sede de Deus.

Segundo o testemunho unânime de suas filhas e a correspondência familiar, a comunicação entre os esposos é profunda e verdadeira. Conversam com toda a franqueza, e amiúde adivinham os pensamentos um do outro: "Não era preciso ele me dizer isso; eu já sabia".[11] Luís não hesita em contar a sua mulher suas tentações de quando era jovem parisiense, para que esse relato pudesse servir a Isidoro, então estudante na capital. Eles também falam acerca das mil e uma pequenas coisas do dia a dia, e contam um ao outro as aventuras das crianças. O assunto sobre o qual têm maior predileção se refere às coisas da fé, mas também gostam de ler biografias de santos e discuti-las: partilham as impressões e se edificam mutuamente.

Eles sabem igualmente respeitar o silêncio e o espaço de cada um, assim como suas diferenças: Luís se retira regularmente ao Pavilhão ou parte em peregrinação. Zélia, por sua vez, reserva tempo para escrever suas confidências a seu irmão e irmã, ou participa de grupos de oração.

As preocupações do cotidiano, pequenas ou grandes, são sempre divididas entre os dois. Luís frequentemente tranquiliza Zélia, que desde menina possui uma propensão à angústia: "Não se atormente tanto!". No fim de sua vida, ela escreverá sobre seu marido: "Ele sempre foi para mim um auxílio e consolo".[12] Zélia

---

[11] CF 19.
[12] CF 192.

também sabe confortá-lo, quando, por exemplo, ele teme por sua saúde: "Vi muitas vezes meu marido se queixar a esse respeito comigo; eu lhe dizia, então: 'Não tenha medo, o bom Deus está conosco'".[13] Quando as preocupações invadem a família, é ela, na condição de alma do lar, que alegra todo mundo. Com uma bela harmonia conjugal, portanto, Luís e Zélia são como pilares um do outro.

É evidente que existem entre o casal desacordos criados por pequenos imprevistos desagradáveis: assim, Luís, viajante habituado às maiores dificuldades, um dia se esquece de descer do trem que o traz de volta de Lisieux a Alençon, com suas filhas, deixando sua mulher a esperá-lo ansiosamente com um inútil almoço, que ela havia levado toda a manhã para preparar. Passada essa primeira contrariedade, ela se apressa em rir do fato, escrevendo a aventura a Isidoro! Os pequenos desentendimentos não degeneram sua relação, como demonstra a seguinte anedota. Paulina, então com 7 anos, ouvindo um dia o tom de voz subir, aproxima-se de sua mãe e lhe pergunta: "Mamãe, será que é isso um desentendimento?". Zélia morre de rir e vai logo contar a seu marido, que também ri do fato; a palavra em questão se torna, a partir daí, uma piada familiar.

Como acontece em muitos casais, o motivo maior de desacordo diz respeito às crianças. Se, por um lado, sobre as diretrizes da educação, Luís e Zélia se entendem perfeitamente, seus pontos de vista podem divergir quanto às pequenas decisões a tomar: um dia, Zélia leva Celina, ainda bebê, a Lisieux, o que Luís considera uma "loucura". Ele mesmo manda de volta a adoentada Maria ao internato, contra a vontade de sua mulher (o que provoca, aliás, uma bela epidemia de catapora em toda a escola...). Os relatos de Zélia não carregam nenhuma marca

---
[13] CF 65.

de mágoa ou rancor de tudo isso, colocando em evidência, ao contrário, um belo equilíbrio.

Luís, como homem de sua época e, para dizer tudo, como homem bíblico, toma a maior parte das decisões: "As mulheres estejam sujeitas aos maridos, como ao Senhor, porque o homem é cabeça da mulher, como Cristo é cabeça da Igreja e o salvador do Corpo. Como a Igreja está sujeita a Cristo, estejam as mulheres em tudo sujeitas aos maridos. E vós, maridos, amai vossas mulheres, como Cristo amou a Igreja e se entregou por ela, a fim de purificá-la com o banho da água e santificá-la pela Palavra, para apresentar a si mesmo a Igreja, gloriosa, sem mancha nem ruga, ou coisa semelhante, mas santa e irrepreensível. Assim também os maridos devem amar suas próprias mulheres, como a seus próprios corpos. Quem ama sua mulher, ama a si mesmo, pois jamais ninguém quis mal à sua própria carne; antes, alimenta-a e dela cuida, como também fez Cristo com a Igreja, porque somos membros do seu Corpo. *Por isso, deixará o homem seu pai e sua mãe, e se ligará à sua mulher, e serão ambos uma só carne.* É grande este mistério: refiro-me à relação entre Cristo e sua Igreja. Em resumo, cada um de vós ame a sua mulher como a si mesmo e a mulher respeite o seu marido" (Ef 5,22-33).

Os Martin encarnam perfeitamente esse modelo de casal evangélico. As feministas mais intransigentes de nossa época libertária fazem alarde, mas Luís e Zélia podem justamente nos ajudar a compreender melhor esse texto, dando-lhe um rosto humano. Pois Luís não exerce sua autoridade de maneira unilateral: ele está aberto à discussão e, ainda que não adote os pontos de vista de sua mulher, amiúde não a impede de agir como quiser. Vontade de esposa, vontade de Deus! Isso também é verdadeiro no casal Martin, como nos mostra esta charmosa história que Zélia conta a Paulina: "Com relação ao retiro de Maria no Convento da Visitação, você sabe que seu pai não gosta nem um pouco de se separar de vocês, e num primeiro momento ele disse formalmente que ela não iria. Eu o vi tão decidido, que nem mesmo tentei defender a causa; ao contrário, concordei com sua decisão, mas no fundo estava resolvida a insistir. Ontem à noite, Maria se lamentava a esse respeito; eu lhe disse: 'Deixe comigo, sempre consigo o que quero, e sem brigar; ainda falta um mês, tempo suficiente para convencer seu pai'. Eu não estava enganada, pois, apenas uma hora depois, ao voltar, ele se pôs a falar com muita delicadeza a sua irmã, que trabalhava com vivacidade. 'Bem', disse a mim mesma, 'chegou a hora!...'. E voltei ao assunto. 'Você quer tanto assim fazer esse retiro?', disse seu pai a Maria. 'Sim, papai'. 'Então pode ir'. E ele, que não gosta muito de gastos nem ausências, ainda ontem me dizia: 'Não quero que ela vá e certamente ela não irá; ainda não liquidamos todas as viagens a Lisieux e Le Mans'. Eu dizia tudo como ele, mas com um pensamento de fundo; faz tempo que conheço a astúcia do ofício! Assim, quando digo a alguém: 'Meu marido não quer', significa que minha vontade não é maior do que a dele. Pois, quando as razões são justas do meu lado, sei muito bem convencê-lo e acho que tinha uma boa razão para querer que Maria fosse ao retiro. É verdade que há custo, mas o dinheiro não é nada quando o que está em jogo é a santificação e a perfeição de uma alma; de fato, no ano passado, Maria voltou completamente transformada – os frutos ainda estão durando; contudo, é preciso que ela renove sua provisão. No fundo, aliás, seu pai também pensa assim, e é por isso que ele cedeu com tanta gentileza".[14]

Observemos bem que, se Zélia pode manipular assim com tanta docilidade seu marido, é porque, no fundo, eles estão de acordo. Aliás, manipular é um termo pejorativo para uma mulher que, alguns dias depois, escreve a sua filha, retomando uma

---

[14] CF 201.

frase que não havia sido terminada: "Minha querida Paulina, parei nessa última palavra. Domingo à noite, às sete horas, seu pai veio me pedir para sair com ele e, como sou bem obediente, não terminei minha frase!".[15]

Esses episódios valorizam o caráter muito feminino de Zélia, a flexibilidade de Luís, mas principalmente o bom entendimento entre ambos.

Para uma boa compreensão da vida do casal Martin, é preciso também conhecer os que lhes são próximos, bem como o meio em que vivem. Entre os mais próximos estão o irmão e a irmã de Zélia. Embora Luís visite pouco a Irmã Maria Dositeia, que mora bastante longe para que se possa ir vê-la com frequência, ele não ignora a influência que ela exerce sobre sua mulher. Unidas pelo sangue e por uma amizade profunda, também estão unidas por uma verdadeira fraternidade espiritual: "Se você visse a carta que escrevi a minha irmã de Le Mans, ficaria com ciúme: foram cinco páginas", escreve ela maliciosamente a Isidoro. "Porém, digo a ela coisas que não digo a você. Nós nos entretemos uma à outra com um mundo misterioso, angélico; com você, é preciso falar sobre as coisas da terra".

Que pena que essas cartas não tenham permanecido! Elas desapareceram, tanto quanto as que foram escritas a suas filhas, para prepará-las à primeira comunhão, causando admiração nas religiosas da Visitação; as cartas que temos de Zélia a mostram apenas com uma agulha e um bebê em cada braço! Mas mesmo nessa atitude se revela sua profunda vida interior, e percebe-se a importância maior que sua irmã religiosa desempenha em seu desenvolvimento. Confidente das alegrias e das tristezas, Irmã Maria Dositeia saberá, como veremos, fazer Zélia descobrir em

---

[15] CF 202.

tudo a mão de Deus. Zélia não toma nenhuma decisão importante em seus negócios sem recomendar-se às orações da "santa de Le Mans", como ela mesma diz. Assim também no que diz respeito às questões familiares.

Isidoro, por sua vez, continua a ser o irmãozinho querido. Dez anos mais velha que ele, Zélia representa em sua vida, com sua Irmã Maria Dositeia, um papel quase maternal: de Le Mans e de Alençon, derramam-se copiosamente sobre a cabeça do pobre Isidoro piedosos conselhos! Ele finge zombar deles, mas muito os aprecia... e acaba por segui-los. Assim sendo, Isidoro se casa em 1866 com Celina Fournet, uma esposa completamente ao gosto de suas irmãs, ou seja, boa, piedosa, simples e trabalhadora. Falou-se pouco dessa mulher discreta no ambiente de Teresinha; no entanto, ela é muito querida por todos os Martin. Em 1875, Zélia escreve: "Tenho uma cunhada que é de uma bondade e de uma doçura incomparáveis. Maria diz que não consegue ver nela defeito algum; eu também não. [...] Asseguro a você que a amo como uma irmã; ela parece gostar de mim da mesma maneira e testemunha a minhas filhas uma afeição quase materna, dando a elas toda a atenção possível".[16]

Isidoro dá continuidade à farmácia de seu sogro em Lisieux e se dedica cada vez mais à vida da Igreja local, chegando a fundar o jornal cristão de Lisieux. Estando Isidoro já estabelecido, as relações se equilibram, podendo Zélia lhe escrever: "Conheço-o de longa data e sei que você me ama e tem bom coração. Se precisasse de você, estou certa de que não me abandonaria. Nossa amizade é sincera; não consiste em belas palavras, é certo, mas também não é menos sólida, estando construída sobre a rocha; nem o tempo, nem os homens, nem mesmo a morte jamais a destruirão".[17]

---

[16] CF 138.
[17] CF 19.

Todas as cartas que lhe envia provam essa afeição. Nelas, Zélia partilha profundamente todos os sentimentos do irmão: ele perde um filho, ela chora sua morte como se fosse seu. Com muita frequência, Zélia tem o desejo de ficar alguns dias com seu irmão e sua família em Lisieux, o que constitui para ela e suas filhas a maior festa. Isidoro também é o conselheiro médico da família, nem sempre feliz (não podemos nos esquecer). Todos os pequenos problemas de saúde são submetidos a seu julgamento, a quem se escuta com surpreendente confiança. Os Martin, por sua vez, ajudam da maneira que podem os Guérin: conselhos, empréstimos de dinheiro... e Luís chegará a arranjar clientes para seu cunhado. Apesar da distância entre Lisieux e Alençon, difícil de ser enfrentada, sobretudo quando de ambos os lados se tem trabalho e bebês, o vínculo entre as duas famílias, alimentado pela correspondência frequente, se mantém muito forte. As cartas dos Guérin são lidas, relidas, passadas à família toda; e Zélia às vezes não hesita em acordar às quatro e meia da manhã para responder-lhes. Esse vínculo é tão importante para Zélia que ela escreve em 1875: "Se eu não tivesse um lar, nem minhas filhas, viveria exclusivamente para eles e lhes daria todo o dinheiro que ganho; mas como não posso fazer isso, o bom Deus proverá".[18]

Situemos agora o meio no qual Luís e Zélia vivem. É em função da paróquia e de diferentes círculos católicos que eles frequentam as casas de seus amigos, pouco numerosos, mas próximos. Os Romet, os Maudelonde, os Boul, os Leriche e a senhora Leconte vêm regularmente visitá-los na rua du Pont-Neuf e posteriormente, a partir de 1871, na rua Saint-Blaise, número 134. Essa pequena e charmosa casa burguesa, situada de frente para a subprefeitura e que ainda hoje pode ser visitada,

---

[18] CF 138.

será a primeira morada de Teresinha e a última de sua mãe. Esta comenta: "Vivemos muito comodamente. Meu marido arrumou tudo muito bem, para o meu agrado".[19]

Quanto às saídas de casa, eram muito poucas! Pouco depois do casamento, o jovem casal já prefere os encontros na intimidade do lar à badalação superficial de grandes programas noturnos. Zélia diverte-se em descrever em suas cartas o lado ridículo da alta sociedade: "Conheço muitas jovens damas que têm a cabeça virada. Há algumas – você acredita? – que mandam vir costureiras de Le Mans para confeccionar seus vestidos, temendo que as costureiras de Alençon revelem seu segredo antes do célebre dia de se exibirem. Não é engraçado tudo isso?".[20]

Suas cartas são marcadas por um pequeno estilo "Madame de Sévigné": ela gosta de contar não somente anedotas divertidas para alegrar seus destinatários de Lisieux, mas também todas as cenas diárias de Alençon que a tocam pessoalmente. Mas ela também sabe reconhecer seus próprios defeitos: "E eu que tive a covardia de zombar da senhora Y. Sinto um remorso infinito por isso. Não sei por que não simpatizo com ela: ela sempre me fez apenas o bem, tendo inclusive me prestado serviços. A mim, que detesto os ingratos, resta apenas me recriminar, pois não passo de uma ingrata. Assim sendo, quero verdadeiramente me converter e já comecei a mudar, pois há algum tempo não desperdiço nenhuma oportunidade para falar bem dessa senhora, o que não é difícil, pois se trata de uma pessoa excelente, que vale mais do que todos aqueles que zombam dela, começando por mim!".[21]

Não imaginemos Luís e Zélia fechados em si mesmos. Com efeito, eles prestam muita atenção ao que se passa ao seu redor, tanto no âmbito local, como nacional: a leitura regular de *La*

---

[19] CF 68.
[20] CF 54.
[21] CF 75.

Croix [A Cruz] os informa sobre a efervescência política que eles seguem com grande atenção nesses tempos de anticlericalismo, quando a situação dos católicos também está em jogo. Assim, Zélia fica consternada com a notícia do assassinato do arcebispo de Paris e de 64 sacerdotes durante a Comuna.* Ouvindo as aves de mau agouro de seu tempo, ela teme durante vários meses uma nova revolução. Mas seu bom senso fala mais alto: "As perturbações não aconteceram de acordo com as previsões; a partir de agora, não acredito mais nelas, ao menos por este ano, e estou firmemente decidida a não dar confiança a nenhum profeta, a nenhuma profecia. Comecei a me tornar muito incrédula".[22]

Depois dessa experiência, e como era habitual naquela época, ela deixa a política propriamente dita a seu marido. Escreve ela em 1874: "Não me preocupo mais com os acontecimentos de fora, a não ser de minha Teresinha (que está com um ano!)".[23]

Luís fala sobre política com seus amigos, seu cunhado, e mais tarde tentará iniciar Teresinha em seus pareceres sobre o assunto. Teresinha concluirá – mas podemos suspeitar de sua objetividade – que, sendo seu pai rei da França, tudo correria da melhor maneira, no melhor dos mundos. Entretanto, Luís não segue a carreira política. Sua luta se situa em outro terreno. Às solenes promessas dos políticos, ele prefere a ajuda concreta aos infelizes que estão por perto, e às manifestações públicas, prefere a oração. É assim que, depois da guerra de 1870, ele se une à imensa peregrinação que se reúne em Chartres para rezar pela pátria, encontrando aí vinte mil outros participantes

---

* Após o fim da ocupação da cidade pelas tropas prussianas e a Assembleia de Versalhes, a Comuna de Paris (18 março a 27 de maio de 1871) foi um governo insurrecional francês, obra de socialistas e operários que procuraram administrar os negócios públicos sem o auxílio do Estado. (N.T.)
[22] CF 80.
[23] CF 120.

e tendo de dormir numa capela subterrânea, na qual as missas prosseguem noite adentro! Em 1873, ele repete a peregrinação e escreve então a Paulina: "Ore bastante, minha pequena, pelo sucesso da peregrinação a Chartres, da qual farei parte e que reunirá inúmeros peregrinos de nossa querida França aos pés da Santíssima Virgem, a fim de obter dela as graças de que nossa Pátria tanto precisa para se mostrar digna de seu passado".[24]

Ninguém duvida de que ele teria estremecido diante da famosa interpelação de João Paulo II: "França, filha primogênita da Igreja, que fizeste de teu batismo?". Portanto, Luís e Zélia são católicos de seu tempo – para eles, fé e patriotismo se confundem –, vivendo no temor da esquerda anticlerical e, ao mesmo tempo, na firme convicção de que o Senhor sustenta seu país. O anticlericalismo é, nessa época, uma realidade da qual fazemos pouca ideia hoje. Assim, Luís, ao voltar de uma peregrinação a Lourdes em 1873, é insultado na estação de trem de Lisieux por trazer no peito uma pequena cruz vermelha, sendo quase levado à delegacia, com a desculpa de que a prefeitura havia proibido aos peregrinos voltar em procissão. Os desentendimentos entre católicos e anticlericais são crescentes em sua época, e diante deles, os Martin reafirmam, sem violência, sua fé.

---

[24] CF 105 bis.

DEUS,
O PRIMEIRO A SER SERVIDO

O leitor possivelmente se surpreenderá por ter de inclinar-se sobre a fé dos Martin para conhecer a vida familiar ou o trabalho deles. Nisso seguimos o "espírito" Martin, que se poderia resumir na seguinte sentença: "Deus, o primeiro a ser servido". É absolutamente impossível compreender os outros aspectos de sua vida sem referir-se à fonte que os guia em todas as coisas.

O objetivo de Luís e Zélia, o sonho de sua juventude, aquilo que perseguirão por toda a vida é a santidade. "Quero ser santa",[1] afirma Zélia, ao passo que Luís confia a suas filhas: "Sim, tenho uma meta e minha meta é amar a Deus de todo o meu coração".[2] Como se concebia a "santidade" naquela época? Para receber a honra dos altares, era preciso ser consagrado, fazer milagres ou morrer mártir, ou então as três coisas ao mesmo tempo. Será necessário esperar a santificação da filha dos Martin e o Vaticano II para lembrar que a santidade é acessível a todos, e exigida de todos, o que ainda não está completamente

---
[1] CF 110.
[2] Carta de irmã Maria do Sagrado Coração a irmã Inês de Jesus, datada de 21 de maio de 1889.

enraizado nos espíritos de hoje. Luís e Zélia nos mostram que a santidade é possível numa vida simples conjugal. Embora no ardor da juventude eles se voltem para o ideal representado pela vida consagrada, pouco a pouco aprenderão do Senhor que a santidade não reside num estado de vida, mas na resposta confiante e amorosa aos chamados de Deus na vida cotidiana. Numa existência comum, na qual alternam alegrias e cruzes, eles se dão completamente a seus próximos e a Deus, abandonando-se em todas as coisas à divina vontade. Assim atingem uma santidade distante das representações mais ou menos espetaculares, veiculadas pela hagiografia da época; santidade ancorada no real e no ordinário, e que a Igreja hoje põe em evidência.

O desejo de santidade dos Martin não é quimérico. Eles empregarão todos os meios para alcançá-la, sobretudo os meios privilegiados da santificação, acessíveis a todo cristão, que são os sacramentos, a oração e a obediência à Igreja.

A missa, em primeiro lugar, é o centro de suas vidas e a primeira atividade de cada dia. Nessa época, receber a Eucaristia na missa não era fácil. Comungar em estado de graça certamente implicava confissão regular e fidelidade aos mandamentos de Deus, mas essa preocupação em receber bem Jesus era quase sempre acompanhada por muito escrúpulo e privava os cristãos da graça da comunhão diária. Tendo uma grande fome de Eucaristia, Luís e Zélia comungam o mais frequentemente possível: uma ou várias vezes por semana, e todas as primeiras sextas-feiras do mês. Participando da primeira missa matinal, às cinco e meia, Luís e Zélia, mesmo sem saber, fazem as vezes de um pré-despertador! Ouvindo pela primeira vez uma porta que se fecha do lado de fora, os vizinhos pensam no aconchego de seus leitos: "É o santo casal Martin que se dirige à igreja; ainda podemos dormir mais um pouco!". Para eles, ir à missa é muito mais um momento privilegiado de suas vidas cristãs do que mera obrigação. A comunhão, acima de tudo, os torna felizes, de modo tal que o gosto que têm por ela contagiará suas filhas... desde bem pequenas! "Há algumas semanas, num domingo, fomos passear com a pequena Teresinha. Ela não tinha ido à *Mette*,* como ela fala. De volta para casa, ela esperneou e berrou que queria ir à *Mette*; abrindo a porta, saiu correndo, debaixo de uma chuva torrencial, em direção à igreja. Corremos atrás dela, para trazê-la de volta, e seus gritos ainda duraram um bom tempo. [...] Na igreja, ela grita para mim: 'Agora sim, agora eu fui à *Mette*! Já *olei* bastante ao bom Deus'".[3]

A participação na missa não é para eles uma rotina, mas uma necessidade vital, um repouso e uma festa, ainda que encontrem as dificuldades impostas pelo cansaço e as preocupações: "Esta manhã, eu ainda estava dormindo enquanto me vestia, praticamente dormindo enquanto andava, dormindo durante toda a primeira Missa, de joelhos, sentada, de pé, ao rezar".[4] Ou ainda: "Houve homilia, mas não sei dizer sobre o que o padre falou, tão absorta estava em meus pensamentos".[5]

Distração e sonolência também estão presentes em Zélia; entretanto, a graça trabalha no interior dessas missas vividas sem êxtase: "Esta manhã, durante a missa, tive uns pensamentos obscuros a esse respeito [medo de perder uma filha], e fiquei transtornada".

E prossegue, revelando-nos assim o fruto dessa missa: "O melhor é colocar todas as coisas nas mãos de Deus e esperar os acontecimentos na calma e abandono à sua vontade".[6]

A santidade dos Martin, em sua relação com a Eucaristia, não se manifesta num fervor emotivo, mas na importância que sabem

---

* Em francês, missa se diz "messe". (N.T.)
[3] CF 130.
[4] CF 156.
[5] CF 128.
[6] CF 45.

lhe dar. Importância que se reconhece antes de tudo na intensa preparação que antecede cada comunhão, para eles e para seus filhos. Eles não hesitam em separar-se de Leônia, colocando-a no internato da Visitação, com a finalidade exclusiva de possibilitar-lhe preparar-se bem para sua primeira comunhão. Preparar-se para receber Deus exige os meios mais simples do cotidiano: "É uma preparação de todos os dias, de todos os instantes",[7] como também os maiores: "Eu a levei [Leônia], na última terça, em peregrinação à Imaculada Conceição de Séez, para obter-lhe a graça de uma boa primeira comunhão". Zélia sabe que essa preparação é, antes de tudo, uma graça a ser recebida: "Que o bom Deus seja bendito por isso!", comenta ela, ao ver Leônia preparar-se fervorosamente. Preparação essa que, no fim das contas, não se separa da ação de graças que acompanha cada comunhão: "Assisti, esta manhã, a três missas: fui à missa das seis horas, fiz minha ação de graças e minhas orações durante a missa das sete, e voltei à missa da noite".[8] A missa tem a prioridade sobre as demais atividades, que só se organizam em função dela, o que exige toda uma organização. Admiremos a delicadeza com que Zélia cuida para que isso seja possível: "Quando você estiver conosco, minha querida Paulina, será mais difícil; você gosta de dormir pela manhã e deitar-se tarde [...]. Portanto, vou pensar num modo de levar as duas [Maria e Paulina] à missa, em horários diferentes; se, nesse período, eu não fizer mais renda de Alençon, será muito simples, senão, ainda estarei em dúvida; por fim, tudo se ajeitará da melhor maneira possível".[9]

Tanto Zélia quanto Luís manterão fidelidade à mesa eucarística até o heroísmo, consagrando a ela, em fase terminal de doença, suas últimas forças, não sem sofrimento. Eles não

---
[7] CF 200.
[8] CF 108.
[9] CF 172.

participam da missa como "consumidores", mas com o imenso respeito daqueles que conhecem e amam seu mistério inefável: o mistério de um Deus que se rebaixou para dar-se a nós.

Nesse sentido, eles reconhecem na Eucaristia a oração mais poderosa, e não cessam de recorrer a ela em benefício tanto dos vivos, como também dos mortos. Zélia, com uma pitada de humor, atribui o êxito das provas de seu irmão à missa que havia oferecido nessa intenção, e os Martin preferem oferecer missas pelos defuntos a enviar-lhes coroas de flores. Toda intenção importante é depositada por eles sobre a mesa eucarística. Com um grupo de amigos de Alençon, Luís participa, uma vez por mês, de uma noite de adoração, apreciando-a tanto, que passará a organizá-la em Lisieux.

Além da Eucaristia, os Martin têm um respeito considerável a cada um dos sacramentos. Assim, preferem que o bebê que acaba de nascer receba o batismo antes mesmo dos primeiros cuidados. Eles creem, do fundo do coração, que o batismo, fazendo o recém-nascido passar pela morte e a ressurreição de Cristo, dá a salvação a sua alma, o que tem maior valor a seus olhos do que a vida em si. Deus, sempre, é o primeiro a ser servido. E para aumentar a alegria de um batismo, eles têm o prazer de distribuir dois quilos de confeitos a todas as crianças presentes.

Ambos têm um confessor regular, de modo que o sacramento da reconciliação, no qual reconhecem o instrumento privilegiado da misericórdia divina, nada tem de obrigatório para eles. Os Martin são muito ligados a sua paróquia. No meio católico da cidade de Alençon, nesse contexto anticlerical, questões políticas e espirituais às vezes estão extremamente misturadas. Padre Piat chega a dizer: "Quanto ao ardor cristão, sua vivacidade é completamente superficial, muito mais faiscante do que calorosa, contestadora do que interior". Os Martin, manifestando claramente sua fé, não entram nessa polêmica e seguem simplesmente as atividades paroquiais propostas. Participam das festas litúrgicas, procissões, retiros com pregação e missões populares, não importando qual seja o pregador, um mais apreciado que outro. "Há oito dias, dois missionários vieram pregar para nós três sermões por dia. Nenhum dos dois prega bem, na minha opinião. Ainda assim vamos ouvi-los, por dever, o que para mim é uma penitência a mais".[10]

Zélia utiliza todos os meios que estão ao seu alcance para guardar para si o espírito crítico. Aos domingos, toda a família vai à missa, às vésperas e, às vezes, ao ofício da noite. Luís e Zélia apreciam a beleza da liturgia. Zélia comenta assim uma cerimônia do mês de Maria: "Os cantos estavam insuportáveis e mais pareciam roncos de pombos dos quais nada se pode discernir; poderíamos pensar que estávamos no café-concerto, o que me deixa profundamente irritada! Antigamente, havia maior devoção; entretanto, o progresso chegou, pelo menos aparentemente".[11]

Tal reflexão ainda hoje é muito comum entre nós! Luís e Zélia fazem parte de diversos grupos de oração e inscrevem neles suas filhas. Esses grupos e confrarias congregavam em pequenas reuniões mensais pessoas que se comprometiam a orar por certas intenções. Zélia confessa que não é sempre fiel a esses compromissos, mas não deixa de tentar ser. Ela também frequenta o mosteiro vizinho das clarissas e, como membro da Ordem Terceira de São Francisco,* é muito sensível à espiritualidade do *Pobrezinho*, cuja alegre liberdade a ajuda a libertar-se da rigidez que a fé recebida no seio de sua família podia manter. Ela participa das reuniões da Ordem Terceira e pede às clarissas luzes e orações. A simples visão de um capuchinho a leva à conversão, diz ela brincando, de modo que não hesita, mesmo

---
[10] CF 130.
[11] CF 159.
* Atualmente chamada Ordem Franciscana Secular (ofs). (N.T.)

adoentada ou sobrecarregada de trabalho, em levantar-se antes de clarear o dia, durante duas semanas, para acompanhar uma missão pregada por um deles. Luís se une, do seu jeito, à amizade de sua mulher com a família franciscana: todo o fruto de sua pesca é sempre destinado às clarissas. A oração dos Martin não termina na porta da igreja. Seu trabalho silencioso e solitário é propício ao recolhimento, e os tempos de oração dão ritmo à jornada: missa pela manhã, bênção e ação de graças a cada refeição e, à noite, todos os membros da família se encontram para orar juntos. Tendo colocado as crianças para dormir e terminado os últimos trabalhos, Luís e Zélia não vão descansar sem passar um derradeiro momento com o Senhor.

Para as intenções particulares que lhe são confiadas, Zélia gosta de fazer novenas ao Sagrado Coração, a São José, ou a outros santos, segundo a circunstância. Conhecendo a influência de orações unidas sobre o coração de Deus, ela amiúde acrescenta a elas um membro de sua família. A oração do terço tem lugar de honra entre o casal. Zélia confia um dia a sua amiga Filomena Tessier: "Eu queria ser uma simples senhorinha recitando meu terço no fundo da igreja e não ser conhecida por ninguém". Pois entre trabalho e família, Zélia não tem muito tempo para orar, o que é insuportável para uma alma tão sedenta de Deus. Luís, por sua vez, aprecia a oração das romarias, tanto para pedir graças quanto para agradecer ao Senhor. A meditação também ocupará progressivamente um lugar em sua vida.

De sua vida de oração, de sua presença sob o olhar de Deus, resulta uma evidência: a necessidade da ascese. "A alma colocada sob a luz de Deus descobre as exigências da pureza divina",[12] diz

---

[12] P. Marie-Eugène, ocd. Je veux voir Dieu. Venasque: Éditions du Camel, 1957. p. 80.

o Padre Maria-Eugênio, carmelita. Sua ascese tomará a forma que lhes oferecem a vida litúrgica e os acontecimentos que se apresentam ao longo da jornada. Assim, eles observam escrupulosamente todos os jejuns prescritos pela Igreja, acrescentando a eles uma conotação própria de absoluto: não comem nada até o meio-dia e à noite, dão-se a permissão de fazer apenas uma refeição leve; exceto, é claro, quando Zélia está grávida. Se uma visita chegar inesperadamente, um bom jantar será servido apenas para ela! Esse jejum não é mais fácil para eles do que para outros, Zélia sabe disso e reconhece simplesmente: "Estamos em plena época de penitência, que felizmente já está para terminar. O jejum e a abstinência me fazem sofrer extremamente! No entanto, não se trata de uma mortificação muito dura, mas estou com o estômago tão cansado, e sobretudo tão solto, que não gostaria mais de praticá-los, caso ouvisse minha natureza".[13]

Hoje, a palavra ascese parece "fora de moda". Todavia, o recente *Catecismo da Igreja Católica* nos diz quais são seus frutos benfazejos: "O caminho da perfeição passa pela cruz. Não há santidade sem renúncia e sem combate espiritual. O progresso espiritual implica a ascese e a mortificação, que conduzem progressivamente a viver na paz e à alegria das bem-aventuranças".[14]

É exatamente nesse espírito que Luís pratica uma ascese bem discreta, mas bastante firme: proibindo-se de fumar, de cruzar as pernas, de beber durante as refeições, de aproximar-se do fogo sem que haja necessidade; viajando de terceira classe, comendo o pão de qualidade inferior reservado aos pobres... Pequenos meios, que não são um fim em si, mas o tornam disponível, desapegado das coisas materiais. Sua filha Maria, que se surpreende com essa austeridade, responde que isso se deve ao fato de

---
[13] CF 130.
[14] CIC 2015.

ele comungar com frequência. Tal é a "lógica Martin": Deus, o primeiro a ser servido, deve ocupar todo o seu lugar. Essa vida com Deus prossegue ao longo da jornada e não prejudica em nada seu trabalho, sua presença junto às crianças, sua vida social... ao contrário, ela irriga todas as suas atividades, de modo que não precisam buscar fora a fonte do amor que têm um pelo outro, por suas filhas ou pelo próximo, nem a fonte da qualidade de seu trabalho. O lema do casal bem que poderia ser: "Coração em Deus, pés no chão".

A vida dos dois se tornou um diálogo de amor com Aquele de quem se sabem filhos queridos. Só podemos compreendê-los sob essa ótica. Padre Piat define a espiritualidade dos Martin por três princípios: "Soberania de Deus, confiança em sua Providência, abandono a sua vontade".

Com efeito, Deus é o primeiro em seus corações e em suas vidas. Luís e Zélia têm elevado nível de consciência da grandeza do amor divino – que é nossa origem, a única realidade verdadeira e nosso fim, o que os Martin conservam constantemente no espírito. Há um texto de Lamennais que Zélia sabe de cor e recita amiúde para suas filhas: "Oh! Falai-me dos mistérios desse mundo que meus desejos pressentem, no seio do qual minha alma, cansada das sombras da terra, anseia por mergulhar. Falai-me daquele que o fez e o encheu de si mesmo, o único que pode preencher o imenso vazio que abriu em mim...". Essas palavras retomam profundamente a célebre frase de Santo Agostinho: "Fizeste-nos para ti, Senhor, e nosso coração permanece inquieto enquanto não repousa em ti".

Ainda que possam fruir de algo de bom neste mundo, Luís e Zélia situam no Céu essa felicidade em plenitude, de modo a manter o olhar incessantemente voltado para lá. A própria Teresinha confirmará isso: "[o] Céu, para o qual tendiam todos os seus desejos e ações".[15] Nas cartas de Zélia, descobrimos o peso dessa esperança em suas vidas. No início de seu casamento, ela vive um período de grande felicidade e deseja a mesma experiência a seu irmão: "[A Virgem Santa] concederá a você êxito neste mundo, para em seguida lhe dar uma eternidade de felicidade".[16] Zélia não se faz porta-voz de uma espiritualidade desencarnada, que rejeitaria todo tipo de felicidade sobre a terra. Ela aspira a essa felicidade, como todo mundo. Mas no crepúsculo de sua vida, sacudida pelas perdas, preocupações e pela doença, ela escreve: "[A Virgem Santíssima] nos disse a todos, como disse a Bernadete: 'Eu os farei felizes, não neste mundo, mas no outro'".[17] Zélia sentiu em sua vida o peso da cruz e, sem querer desagradar aos vendedores de felicidade industrializada, não crê que a felicidade neste mundo seja realmente possível. E filosofa com liberdade: "A verdadeira felicidade não é deste mundo, é perda de tempo procurá-la aqui".[18]

Esse tema é recorrente em suas cartas. Pessimismo? Ou realismo de alguém que dá um valor tamanho à ideia de felicidade, que não pode encontrar sua definição naquilo que é efêmero? Pois entre as três citações precedentes, um elemento é constante: a esperança da felicidade no Céu. Se a felicidade não pode ser encontrada cá embaixo, é porque "Deus quis que fosse assim, em sua infinita sabedoria, para nos fazer lembrar que a terra não é nossa verdadeira pátria". Teresinha não dirá outra coisa; como sua filha, o senhor e a senhora Martin lembram a nosso mundo materialista que ele não é um fim em si mesmo, e que não devemos nos enganar na procura: buscar a felicidade, sim, mas onde ela verdadeiramente se encontra: no Céu. Teresinha

---

[15] CT 226, ao Padre Roulland, 9 de maio de 1897.
[16] CF 2.
[17] CF 210.
[18] CF 31.

explicitará isso com clareza: o Céu não é uma realidade estranha ou futura, mas a própria vida de Deus, que já permanece em nós.

O Deus dos Martin não é um Deus longínquo, muito pelo contrário, e isso eles testemunham pessoalmente: "Quando penso no que o bom Deus (em quem pus toda a minha confiança e nas mãos de quem entreguei o cuidado de meus negócios) fez por mim e meu marido, não posso duvidar de que sua Divina Providência vela com um cuidado particular por minhas filhas"[19] ou ainda: "Sei que o bom Deus toma conta de mim".[20] Deus é para eles um "bom Pai", que realmente faz parte da família: eles contam com ele e sabem que, sob sua proteção, nada de mal lhes pode suceder, mesmo em meio às provações mais dolorosas. "Aquele que espera em Deus jamais será confundido"[21] se tornou uma divisa familiar, assim como "O bom Deus só nos dá o que podemos suportar", de acordo com uma expressão comum naquela época, mas que posteriormente foi retificada: Deus não "dá" as provações; ele as "permite". E é bem assim que o senhor e a senhora Martin sabem que Deus, longe de ser o ofendido rancoroso e vingativo, é, bem ao contrário, o Deus que vela por eles com amor, de modo que reconhecem sua mão nas grandes dádivas de suas vidas: o casamento, as crianças, o êxito no trabalho. Mas também em suas decisões pessoais: quando uma escolha a ser tomada se revela providencialmente justa, eles rendem graças a Deus, convencidos de que ele os inspira e os guia. Deus está muito perto para não se interessar por eles. Ele não poderia deixá-los cair... inclusive no sentido literal da expressão, o que Zélia pessoalmente experimentou: um dia, ao sair para a missa, ela coloca Teresinha, ainda bebê, para dormir,

---

[19] CF 1.
[20] CF 156.
[21] CF 180.

esquecendo-se de obstruir o berço contra a parede, para impedi-la de cair, como tem o costume de fazer todas as manhãs. Qual não é sua surpresa, de volta para casa, ao encontrá-la tranquilamente instalada sobre uma cadeira, de frente para a cama e na qual, sem dúvida nenhuma, ela não pôde ter ido parar sozinha. "Não pude imaginar como ela caiu sentada sobre essa cadeira, pois antes estava deitada. Agradeci ao bom Deus por nada de mal lhe ter acontecido. Foi verdadeiramente providencial; ela deveria ter caído no chão. Seu bom anjo estava de guarda e as almas do purgatório, às quais faço todos os dias uma oração pela pequena, a protegeram. É assim que explico esse fato... Pense você o que quiser!".[22] Portanto, até mesmo nesses pequenos acontecimentos da vida, Luís e Zélia reconhecem a bondade de Deus, pela qual lhe rendem graças. A Providência é uma realidade da qual eles vivem e sobre a qual se apoiam.

Dessa confiança na bondade de Deus e em sua Providência decorre seu abandono à divina vontade. Luís e Zélia vão progressivamente colocar suas vidas nas mãos do Senhor e deixar que ele lhes indique a direção. Essa atitude não é inata: não nascemos santos, mas nos tornamos santos. A própria Zélia constata essa evolução: "Também não esqueci aquele dia 8 de dezembro de 1860", escreve ela dezesseis anos mais tarde, "quando pedi a nossa Mãe do Céu para me dar uma pequena Paulina, mas não posso me lembrar disso sem rir, pois eu simplesmente era como uma criança que pede uma boneca a sua mãe, e agia desse modo. Eu queria ter uma Paulina como aquela que tenho e colocava *os pingos nos is*, com medo de que a Virgem Santa não compreendesse bem o meu desejo".[23]

---

[22] CF 119.
[23] CF 147.

Em 1860, ainda é sua vontade pessoal que ela procura obter de Deus, falando-lhe como a uma espécie de "fornecedor" de graças ainda muito distante para compreendê-la bem. Ao longo dos anos e dos acontecimentos de sua vida, ela vai tomando cada vez mais consciência de que Deus, mais íntimo a ela do que ela mesma, conhece suas necessidades, sem que ela tenha de detalhá-las, colocando "os pingos nos is". Ela também faz cada vez mais a experiência da divina bondade. Assim, essa mulher cheia de energia, capaz de conduzir a própria vida, busca cada vez menos fazer a própria vontade, abandonando-se aos desígnios de seu "bom" Deus. De uma oração de súplica ingênua e algo egocêntrica, Zélia passa ao *Fiat* de Maria. Ela não se apresenta mais diante de Deus como uma criança tirânica e angustiada – "Quero isso, quero aquilo" –, mas como uma criança, ou seja, com a confiança da humilde criatura que sabe poder contar com as bondades de seu Pai: "Faça-se em mim segundo a tua vontade". Encontramos nessas palavras o que Teresinha expressará e cuja experiência, sem dúvida nenhuma, veio-lhe primeiramente do exemplo de seus pais.

Luís e Zélia não ficarão impacientes por abdicar da própria vontade em favor da vontade de Deus, quer esta última se manifeste nos acontecimentos, quer nas escolhas daqueles que os rodeiam. Abrir mão da própria vontade não é uma postura que esteja em voga, e nossa sociedade foi logo confundi-la com uma perda da liberdade. Sobre esse aspecto, o exemplo dos Martin é bastante esclarecedor: eles nos ensinam que a maior liberdade não se encontra no exercício arbitrário de nossos desejos egoístas, mas numa conformação, por mais paradoxal que isso possa parecer, à vontade de nosso Pai. Libertados então da única verdadeira escravidão, que é a do pecado, eles estão livres para amar – e não se privarão disso.

Abdicar da própria vontade é reconhecer que não se é onipotente e que não se tem domínio sobre os acontecimentos. Destarte, diante dos grandes sofrimentos de suas vidas, veremos que os Martin continuam a dizer: *Fiat*. Aceitar viver o sofrimento não significa aceitar o sofrimento, mas significa que se aceita partir da realidade desse sofrimento para vivê-lo no amor. "Quando se trata de uma infelicidade real", escreve Zélia, "sou completamente resignada e espero com confiança o socorro de Deus".[24]

É preciso citar aqui o brilhante estudo do Doutor Cadéot sobre o uso recorrente do termo "resignação" pelos Martin, termo que se tornou ambíguo em nossa época, devido à evolução de sentido que conheceu em cem anos: "Zélia aceita a realidade do sofrimento em união com a cruz de Cristo. Para exprimir isso, ela emprega a palavra 'resignação', muito utilizada no século XIX. A semântica nos prega uma peça. No dicionário *Robert*, encontramos como sinônimos: abdicação, submissão, apatia, desistência, fatalismo. Para Zélia, essa palavra não evoca nem a inércia dos quietistas,* nem o dolorismo** daqueles que creem no valor da dor pela dor, menos ainda a apatia, a desistência ou o fatalismo. Para ela, tanto quanto para sua filha, que algumas vezes também utilizará essa palavra, a resignação é um abandono voluntário ao Amor de Deus, pelo qual ela aceita viver seus sofrimentos na esperança do Céu".[25]

O abandono à vontade de Deus e a resignação nas provações não são atitudes passivas entre os Martin. O cerne de sua

---

[24] CF 140.
* Doutrina mística, especialmente difundida na Espanha e na França do século XVII, segundo a qual a perfeição moral consiste na anulação da vontade, na indiferença absoluta e na união contemplativa com Deus. (N.T.)
** Do francês *dolorisme*, que significa "tendência a exaltar o valor moral da dor, particularmente a dor física". (N.T.)
[25] CADEOT, Robert. *Zélie Martin, mère incomparable de sainte Thérèse de l'Enfant-Jésus*. Paris: Fr.-X. de Guibert, 1996. p. 103.

espiritualidade se encontra numa atitude de oferenda. Todos os seus sofrimentos são ofertados ao Senhor, num procedimento cuja definição o Papa Bento XVI nos dá em sua encíclica sobre a esperança cristã *Spe salvi* (Salvos na esperança): "O pensamento de poder 'oferecer' as pequenas dores do dia a dia, que nos atingem sempre como ferroadas mais ou menos desagradáveis, atribuindo-lhes assim um sentido, era uma forma de devoção, talvez menos praticada hoje, mas ainda muito disseminada há não muito tempo. [...] Que significa 'oferecer'? Essas pessoas estavam certas de poder acrescentar à grande compaixão de Cristo suas pequenas dores, que entravam assim, de certa maneira, no tesouro de compaixão do qual o gênero humano necessita. Dessa maneira também, as pequenas preocupações do dia a dia poderiam adquirir um sentido e contribuir para a economia do bem, do amor entre os seres humanos. Talvez devêssemos verdadeiramente nos perguntar se tal atitude não poderia voltar a ser uma perspectiva judiciosa para nós também".[26]

Adquirindo o hábito de oferecer as pequenas contrariedades do cotidiano, particularmente para a salvação das almas, o casal Martin se torna capaz de oferecer também as grandes provações e, depois, a própria vida. A espiritualidade dos Martin é uma espiritualidade oblativa, vivida até o fim, e eles a transmitirão a suas filhas. Teresa é o exemplo mais perfeito disso.

Como terminar um capítulo sobre a espiritualidade dos Martin sem evocar o lugar de Maria em seu coração? Eles têm por ela um amor filial, orando e ela todos os dias e celebrando-a de todas as maneiras possíveis. Os dois trazem consigo um escapulário, única veste que será encontrada intacta sobre seus corpos, quando de sua exumação. Eles também farão suas filhas

---

[26] Bento XVI, carta encíclica *Spe salvi*, de 30 de novembro de 2007, n. 40.

usar um escapulário, com a finalidade de mantê-las protegidas sob o manto da Virgem Santíssima. Ao redor de uma imagem de Nossa Senhora, os Martin se reúnem todas as noites para rezar; estátua que hoje conhecemos pelo nome de Virgem do Sorriso, atualmente conservada no Carmelo de Lisieux, acima da urna de Teresinha: essa escultura de 90 centímetros representa uma Virgem Maria sem véu, de mãos estendidas para acolher seus filhos e distribuir graças. Essa imagem da Virgem é profundamente amada por Luís e Zélia: seus dedos devem ser regularmente substituídos, de tanto serem beijados. Sua filha Maria, considerando-a muito grande, propôs certa ocasião substituí-la por outra menor, ao que Zélia se opôs com veemência: "Enquanto eu viver, essa Nossa Senhora não sairá daqui". No início do mês de maio, mês de Maria, a imagem é enfeitada de maneira excepcional: Luís quer vê-la coberta de coroas e pétalas. Maria, num dia em que ficou encarregada da decoração, perde a paciência: "Mamãe é muito difícil, mais difícil que a Virgem Santa! Ela precisa de espinhos brancos que subam até o teto, paredes forradas de folhagens etc., etc.". Com efeito, nada é belo o bastante para uma Mãe tão amada!

Nosso objetivo aqui não é nos dedicar a um estudo comparado da espiritualidade dos Martin e da espiritualidade de sua filha. Apenas tomamos a permissão de chamar a atenção do leitor para a herança espiritual de Teresinha. As orientações maiores de sua pequena via não são outras que as da espiritualidade de seus pais, que ela saberá desenvolver com sua genialidade própria. Com efeito, a educação das filhas do casal Martin – como veremos agora – está repleta da espiritualidade de seus pais.

A VOCAÇÃO DE PAIS

A educação das filhas é para o casal Martin tanto uma vocação quanto uma felicidade. "Amo loucamente as crianças!" exclama Zélia. "Nasci para tê-las".[1] Luís poderia dizer o mesmo. Desde o início, eles aspiram a uma família numerosa: "Já temos cinco, escreve Zélia em 1868, sem contar os que ainda podem vir, pois não desisti de ter outros três ou quatro!".[2] Cada gravidez é uma alegria, cada bebê um presente do Céu. Eles vivenciam as alegrias e satisfações de todos os pais: "Você não sabe como ela é gentil e carinhosa, escreve Zélia a respeito de Paulina. Ela beija as pessoas antes que lhe peçam, a todo minuto; manda beijos ao bom Jesus; ainda não fala, mas entende tudo; enfim, é uma criança excepcional...".[3]

As cartas de Zélia são cheias dessa felicidade de mãe que nunca a deixará: "Se você tivesse visto as duas maiores hoje, como estavam bem arrumadas; todo mundo as admirava e ninguém conseguia tirar os olhos delas. Quanto a mim, estava radiante, e dizia a mim mesma: 'São minhas!'".[4] "Radiante" e "gloriosa"...

---

[1] CF 83.
[2] CF 32.
[3] CF 1.
[4] CF 13.

Zélia é uma mãe realizada. A correspondência familiar é enfeitada por essas cenas de alegria em família: "Tive a felicidade de ver meu pequeno José no primeiro dia do ano [o bebê estava então com uma ama de leite]. Para presenteá-lo, vesti-o como um príncipe; se você visse como ele estava lindo, como ele ria de felicidade! Meu marido me dizia que 'eu o exibia como um santo de madeira'".[5] Eles também conhecem todas as dificuldades de pais jovens: suportar o pequeno que chora "trinta e seis horas sem parar",[6] os desentendimentos entre as meninas, as noites de apenas duas horas de sono... Mas eles estão de acordo com esse pequeno preço a ser pago: "É um trabalho tão agradável cuidar dos próprios filhinhos!".[7]

Trabalho agradável, mas para o qual os Martin não poupam energias, sempre pensando antes nas crianças: "Se vocês tiverem tantos [filhos] quanto eu", escreve Zélia aos Guérin, "isso exigirá muita abnegação e o desejo de enriquecer o Céu com novos eleitos".[8] Após o nascimento da primeira Teresinha, Zélia relata como precisou se levantar às seis horas da manhã para ajudar a mulher que havia contratado para cuidar do bebê, cuidando em seguida das outras crianças, para logo depois retomar o trabalho com as rendas. Ela conclui: "Diga ainda que não sou forte!".[9]

Apesar de tão atarefada, ela ainda encontra tempo para brincar com suas pequenas: "Diverti-me como uma criança nos jogos de paciência, voltei a ser criança: tinha de fazer uma remessa de rendas urgente, de modo que precisei recuperar o tempo perdido e ficar trabalhando até uma hora da manhã".[10] Ela sacrifica seu pouco tempo de lazer para assumir o compromisso de levar as

---

[5] CF 21.
[6] CF 23.
[7] CF 31.
[8] CF 50.
[9] CF 59.
[10] CF 21.

maiores à Exposição de Alençon, confessando que isso a entediava ao máximo. Luís não é menos ativo nesse âmbito do que sua mulher: "É inacreditável os sacrifícios que ele faz para Teresinha, durante o dia e à noite".[11] Luís e Zélia se dão por inteiro: "Nós vivíamos apenas para eles".[12]

Eles só poderão educar seis de seus nove filhos, tendo a morte levado cedo os outros de seu convívio. A primeira filha, que lhes confirma a felicidade de sua vocação de pais, é Maria, que vem ao mundo no dia 22 de fevereiro de 1860. Logo cedo ela manifesta um espírito pouco conformista, descrito admiravelmente por Padre Piat: "Independente, defensora da própria liberdade, mas de uma delicada sensibilidade, avessa a qualquer complicação, franca e direta, com umas tiradas de originalidade e às vezes certas manifestações de timidez que a faziam passar por selvagem e enigmática". No dia 7 de setembro de 1861, é a vez de Paulina entrar para a família, revelando-se uma criança não menos encantadora: "De uma vivacidade que lhe exigia ser refreada, mas simpática e contagiante como a mãe, e como ela oferecendo esse conjunto harmonioso de qualidades sólidas e brilhantes que predestina ao exercício da autoridade".[13] As duas pequenas logo se tornam inseparáveis. Por seu temperamento, Luís se sente mais próximo de Maria, enquanto as cartas de Zélia revelam sua afeição especial por Paulina. Essa predileção que os Martin não conseguem esconder às outras filhas pôde ser às vezes fonte de sofrimento para as últimas, inclusive para as "prediletas". Durante sua adolescência, Paulina deve assumir o papel de confidente junto a sua mãe, o que não deve ter sido fácil.

Mas Luís e Zélia têm amor "de sobra" para todas as filhas, e não somente às mais velhas. Há que se levar em conta que eles

---

[11] CF 173.
[12] CF 192.
[13] HF, p. 142.

não poupam esforços pela terceira filha, Leônia, nascida em 3 de junho de 1863. Ao contrário das duas primeiras, ela se revela desde o nascimento difícil de ser educada, tanto por causa de sua saúde quanto por sua personalidade, o que nunca desanima seus pais. No dia 13 de outubro de 1864, é Helena que vem dar o ar de sua graça, criança muito graciosa e de extraordinária beleza, que enchem Luís e Zélia de orgulho. Três das crianças que virão depois não chegarão a completar um ano; assim, em 28 de abril de 1869, Celina será acolhida num misto de alegria e preocupação. De saúde frágil e com grande sensibilidade, Celina é uma criança muito inteligente, que não se poderá mais separar de sua companheira Teresinha, nascida no dia 2 de janeiro de 1873.

A escolha de seu nome esconde uma longa história. Seja menino ou menina, na família Martin todo mundo tem como primeiro nome Maria; Luís e Zélia não poderiam dispensar a proteção da Virgem Maria para seus filhos. Mas depois disso, as coisas se complicam... Grávida, Zélia sente que seu bebê é forte, deduzindo que seja um menino. Como entre os Martin São José é tão venerado quanto Maria, Zélia naturalmente pensa, pela terceira vez, em dar esse nome à criança que vai nascer. Mas isso não parece agradar sua irmã de Le Mans, que gostaria muito de inserir seu santo de devoção na família: "Antes que a criança tivesse nascido, pensando que seria um menino, ela me escreveu, pedindo-me para não dar ao menino o nome de José, mas de Francisco, como se desconfiasse que o bom São José tivesse levado meus filhos!".[14] Resposta imediata de Zélia: "Quer morra quer não, ainda assim ele se chamará José".[15] Na medida em que "ele" por fim se revela "ela", Zélia faz algumas concessões e aceita que a pequena se chame Maria Francisca Teresa, com a condição de que Teresa

---

[14] CF 87.
[15] Ibid.

seja o nome de uso corrente. Mas Teresa, por sua vez, fica doente; sendo informada disso, a boa irmã de Le Mans, cheia de zelo, reza a São Francisco de Sales com um "fervor extraordinário"... e faz a promessa de que, sendo a pequena curada, será chamada Francisca! E escreve delicadamente a sua irmã que, se for o caso, ela terá de providenciar um caixão. A pequena fica curada (bem antes, aparentemente, que a promessa seja pronunciada), mas Zélia, com seu bom senso habitual, se opõe à atitude de Irmã Maria Dositeia: "O que interessa a São Francisco que ela se chame assim ou assado? Minha recusa não poderia ser motivo para fazê-la morrer!". Portanto, Teresa será Teresa e Zélia conclui: "Não queria causar sofrimento a minha irmã: ela é tão boa e nos ama tanto! Mas desta vez ela me surpreendeu!".

Luís e Zélia recebem em sua casa outros membros da família. Até que se mudem, em 1871, eles moram com os pais de Luís: o senhor e a senhora Martin vivem no andar de cima da casa; ali Pedro Francisco Martin morre, em 1865. Em seguida, em 1867, o pai de Zélia, tendo ficado viúvo e com dificuldade para se virar sozinho, vem morar com a filha, que precisou recorrer à astúcia para convencê-lo: "Quando lhe falei de tudo isso, ele ficou furioso, então lhe disse que não poderia ficar sem ele, que ele era muito útil para mim; enfim, supliquei-lhe que viesse morar conosco; meu marido se uniu a mim e assim ele acabou aceitando: eu o tinha comigo".[16] Com a ajuda de Luís, que não teria feito mais por seu próprio pai, Zélia cuida muito bem do velhinho, até sua morte, em 1868: "Não se poderia encontrar, entre cem [maridos], um que fosse tão bom para seu sogro quanto ele",[17] testemunha sua esposa, com grande comoção.

---

[16] CF 16.
[17] CF 20.

Uma doméstica também mora com eles. Ser empregada na casa dos Martin equivaleria a ser uma babá ou uma diarista dos dias atuais, fazendo parte da família. Zélia confessa: "Trato minhas funcionárias como minhas filhas". Ela jamais lhes destinaria para comer as sobras, preferindo reservá-las para si. Ainda que todo mundo lhe diga que ela não sabe mandar, ela segue uma conduta que, naquela época, é das mais originais: "É preciso que elas sintam que as amamos, manifestar-lhes simpatia e não agir com muita rigidez para com elas".[18] Nenhuma hipocrisia se esconde por trás disso, pois ela ama realmente sua empregada, Luísa Marais, que permanece onze anos a serviço da família. Zélia a serve tanto quanto por ela é servida. Assim, em 1871, bem na época da mudança para a rua Saint-Blaise, Luísa adoece gravemente; Zélia cuida dela noite e dia, durante três semanas. Outra vez, Zélia, que sofre de angina, passa uma parte de suas noites a cuidar de sua empregada. "Sou muito apegada a ela e ela a mim".[19] Assim, embora Luísa esteja sempre doente e seja preciso ajudá-la em seu trabalho, Zélia não pensa em dispensá-la.

Com a casa cheia de crianças, o ambiente nunca é triste na casa dos Martin. Luís e Zélia, apesar das provações, fazem reinar uma grande alegria em casa. Cultivam-se as alegrias simples: pequenas brincadeiras, cantos... e principalmente a alegria de estar juntos. Com muita frequência, ao escrever suas cartas, Zélia é interrompida por suas filhas, que correm de um lado para o outro da casa, rindo e "dançando de alegria"!

Na família Martin, a caridade reina absoluta. É comum um dizer ao outro o quanto o ama: "Além disso, como você pode ver", escreve por exemplo Zélia a Paulina, "minha afeição por

---
[18] CF 29.
[19] CF 68.

você segue crescendo dia a dia; você é minha alegria e minha felicidade".[20] É comum a manifestação verbal de afeto entre os membros da família, como também cada um procura agradar aos outros por meio de pequenos presentes, serviços prestados ou delicada atenção. Zélia dá a suas filhas o que ela mesma não recebeu: um amor cheio de ternura, um ambiente alegre e caloroso. Luís, por sua vez, tem um verdadeiro dom para ocupar-se das crianças: sabe colocar-se no mesmo nível delas, contar-lhes histórias fantásticas, brincar com elas; cantar para elas, com sua linda voz, velhas canções francesas de seu vasto repertório; imitar mil e um barulhos da natureza, tanto quanto o dialeto normando, diante de suas filhas impressionadas e radiantes de alegria.

À doçura e ao carinho que prevalecem, eles não deixam de acrescentar a firmeza. Luís realmente prefere ser enérgico a realizar um capricho de uma de suas queridas filhas. A ninguém é permitido deixar restos de comida no prato, não importa o motivo. E quando o tom de voz se eleva entre suas filhas, ele só tem uma palavra a dizer: "A paz, crianças!". Assim também Zélia não hesita em aplicar a Paulina um método rigoroso: "É preciso lhe dizer que não a mimei e que, quando ela ainda era bem pequena, eu não lhe permitia fazer nada de errado sem, no entanto, martirizá-la, mas fazendo com que ela cedesse".[21] Com efeito, a mãe pôde perceber em sua filha um gênio forte e uma vivacidade que, se não fossem devidamente controlados, poderiam torná-la insuportável e arrogante.

Notemos que esse método não será aplicado a todas as filhas: com um discernimento muito aguçado, Luís e Zélia, longe de querer aplicar um modelo de educação ideal, dão a cada criança aquilo de que ela precisa. Entretanto, todas estão completamente

---

[20] CF 141.
[21] CF 44.

de acordo quanto a isto, o que testemunharão com unanimidade durante o processo [de canonização] de Teresinha: "Não fomos mimadas. Nossa mãe velava com grande cuidado pela alma de suas filhas e a menor falta jamais ficava sem reprimenda. Foi uma educação boa e afetuosa, mas atenta e cuidadosa". Os pais Martin têm consciência de sua autoridade, mas não abusam dela: "A brutalidade jamais converteu ninguém; ela apenas escraviza",[22] escreve Zélia a respeito de Leônia – e em sua época, tal afirmação não é pouco audaciosa. Luís e Zélia instauram um clima de confiança, como mais tarde confessará Celina: "Obedecíamos por amor". Padre Piat comenta: "A confiança era a alma dessa educação. Por ter sido vítima, em sua juventude, do regime de obrigação, glacial e esgotante que lhe infligia sua mãe, a senhora Martin resolveu preservar suas filhas, a qualquer custo, de semelhante provação. Ela as queria abertas, expansivas, realizadas. O mutismo de Leônia em certos momentos a desconcerta e perturba. Ela conhece as tentações da alma hermeticamente fechada, o perigo da repressão interior. Suas cartas a mostram aplicada, com uma bela lucidez, a conhecer todo o seu mundo, para administrar a cada alma o tratamento adequado".[23]

As pequenas são amadas, porém, sem exageros: "As maiores têm agora brinquedos em quantidade suficiente para toda a juventude. Elas cuidam bem de suas coisas, pois não lhes permito esbanjar".[24] No Natal, as meninas recebem presentes de seus pais e no Ano-Novo, é a maior festa: um grande pacote cheio de presentes enviados pelos Guérin vem aumentar a alegria, para preocupação da irmã – nesse quesito, os Guérin são muito generosos. Diante de tantas maravilhas, as menores ficam mudas de emoção, enquanto as maiores dançam "a quase rachar o as-

---

[22] CF 195.
[23] HF, 138.
[24] CF 21.

soalho"! Todos os anos, são cenas de júbilo familiar: "Quando o pai desembalou os brinquedos, eu queria que você as visse, sobretudo a Teresinha! Dissemos a ela: 'Há belos brinquedos aí dentro, que a tia de Lisieux mandou'. Ela abanava as mãozinhas. Fiz pressão sobre a caixa para ajudar meu marido a abri-la; ela dava pequenos gritos de preocupação: 'Mamãe, você vai quebrar meus lindos brinquedos!' E me puxava pelo vestido, para me fazer parar. Mas ao ver sua linda casinha, ficou muda por um tempo: é uma criança que se comove profundamente".[25]

As crianças Martin não carecem de bonecas, cozinhas de brinquedo, livros (os da Condessa de Ségur,* entre outros, são muito apreciados), nem inúmeros brinquedos que seu pai tem prazer de lhes fabricar. Todavia, os pais cuidam para que suas filhas não sejam muito mimadas e se recusam a comprar-lhes o que seja supérfluo, ainda que Paulina e Maria lhes apresentem o eterno argumento: "Mas todas as nossas colegas têm!".

Embora Zélia não seja nada vaidosa, ela gosta de vestir bem suas filhas, confeccionando para elas, com talento, certas roupas que as deixavam "lindas como uns amores", de acordo com seu próprio testemunho. Sua regra nessa matéria era: "Vesti-las bem, mas com simplicidade".[26] Ela confessa que faz para suas filhas algumas concessões à moda, quando esta é de bom gosto. E escreve a sua cunhada um parágrafo dos mais modernos sobre a escravidão da moda.

Os passeios não deixam de ser a grande distração das meninas Martin: acompanhar papai à pesca, passear no campo nos arredores ou – felicidade suprema! – passar a tarde na pequena propriedade de Luís, o Pavilhão, divertindo-se e cultivando o

---

[25] CF 126.
* Escritora franco-russa de literatura infantojuvenil, nascida em 1799 e falecida em 1874. (N.T.)
[26] CF 146.

pequeno pedaço de jardim confiado a cada uma. "Ontem pela manhã, Celina atormentou seu pai para que ele a levasse com Teresinha ao Pavilhão, como havia feito na véspera. Ele lhe disse: 'Você está brincando ou acha mesmo que a levarei para lá todos os dias?'. A pequena estava ali se divertindo com sua varinha e não parecia ouvir a discussão, por estar muito ocupada, mas disse a sua irmã: 'É só a gente pendurar no topete do papai para ele nos levar todos os dias'. Seu pai riu com grande espontaneidade".[27]

Todos os domingos, depois das vésperas, acontece o grande passeio em família. Às vezes, eles alugam um grande *break*[28] para visitar a região. Um dia, sabendo que tal passeio estava previsto e que haveria lugar no carro, duas senhoritas idosas pedem para se juntar à família. Zélia contará depois, com toda franqueza, que a família não simpatiza nem um pouco com elas. Mas, por mais que Maria tivesse chorado de contrariedade, eles concordam em levá-las, dando assim a suas filhas uma lição que nenhuma esquecerá: a caridade deve ser praticada a tempo e contratempo, mesmo que seja incômoda.

A fim de garantir-lhes a melhor formação possível, Luís e Zélia não hesitam em separar-se das duas maiores, enviando-as para estudar com as Irmãs da Visitação de Le Mans, onde se encontrava Irmã Maria Dositeia. Quando retornam das aulas Zélia repete sempre: "Vocês não podem imaginar o quanto me custa separá-las de mim, mas é preciso saber fazer sacrifícios para a sua felicidade".[29] Para Maria e Paulina, o sofrimento não é menor e nenhuma separação é feita sem lágrimas. A própria Zélia – e Deus sabe que é raro – se surpreende um dia a chorar

---

[27] CF 169.
[28] Carro aberto, com um banco de cocheiro mais elevado, na parte dianteira, e dois bancos laterais na parte traseira.
[29] CF 55.

Luís e Zélia desenhados a carvão pela filha Celina.

Zélia, Isidoro e Elisa, em 1857.

Renda feita com ponto de Alençon.

Luís, com a idade de 43 anos.   *Zélia, alguns anos antes de morrer.*

*Medalha de prata (representando Tobias e Sara)
que Luís ofereceu a Zélia como presente de casamento.*

A casa da rua Saint-Blaise, em Alençon, onde o casal viveu e trabalhou de 1871 a 1877.

A Virgem do Sorriso, imagem de Nossa Senhora venerada por toda a família. Hoje ela se encontra acima da urna funerária de Teresinha, no Carmelo de Lisieux.

19 Juillet 77

Ma chère Sœur,

Je vais répondre au petit mot que vous avez bien voulu me mettre dans la lettre de Pauline. Je trouve ma chère Sœur que vous avez raison de désirer qu'elle parte par le premier train, et je vous remercie de votre sollicitude. Mais je suis bien embarrassée pour lui refuser cette petite satisfaction, elle m'a tant recommandé lorsque je l'ai vue dernièrement de lui laisser passer sa dernière journée à la Visitation, aussi entière que possible que je n'ose le refuser, c'est peut être faiblesse de ma part. Mais je crains aussi que le brusque départ auquel elle ne s'attend pas lui cause une émotion trop vive. Ainsi ma chère Sœur si vous ne le trouvez pas mauvais j'accéderai à son désir en ne la faisant sortir qu'à 5 heures. Elle pleurera mais cela la soulagera peut-être, du moins elle n'aura point à regretter les instants qu'elle

Carta redigida pelo próprio punho de Zélia.

*Luís aos 65 anos,
pouco antes de ficar doente.*

*Buissonnets, a residência familiar,
em Lisieux.*

Luís, ao sair do hospital psiquiátrico do Bom Salvador, cercado por Celina, pelo casal de empregados que cuidam dele e por Leônia.

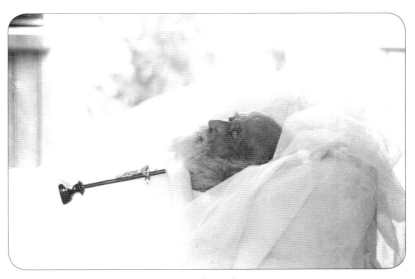

Luís em seu leito de morte.

Celina e Teresinha.

Paulina, aos 21 anos.

Maria, aos 21 anos.

Leônia, aos 32 anos.

*A pequena Helena,
que morreu aos 5 anos.*

copiosamente. Contam-se os dias para as férias, que são breves na época. No entanto, esse sacrifício dará frutos. As duas maiores receberão na escola de São Francisco de Sales uma sólida educação e uma formação espiritual que lhes servirão para a vida toda. Maria poderá assim educar suas irmãs mais novas, enquanto Paulina adquire todas as competências humanas necessárias para se tornar prioresa do Carmelo de Lisieux. É a vida das Irmãs da Visitação, e em particular a da tia amada, que inspirará sua vocação religiosa.

Irmã Maria Dositeia acompanha de perto a vida escolar de suas sobrinhas, enviando regularmente relatórios a Alençon. Em seguida, Zélia transmite em Lisieux, com um orgulho maternal, os bons resultados de suas filhas. Com efeito, Paulina e Maria estão bem adiantadas em relação às outras crianças de sua idade, e Paulina é considerada a melhor aluna de toda a escola. Embora os pais se orgulhem desses prêmios, não lhes concedem importância exagerada: no ano seguinte, Zélia é incapaz de lembrar a quantidade de prêmios que Paulina acaba de ganhar. Certamente, Luís e Zélia ficam felizes e orgulhosos quando suas filhas lhes narram os bons resultados obtidos na escola, mas a seus olhos isso não é o mais importante. Quando se tem em mente que Maria ingresse na associação das "filhas da Virgem Santíssima", privilégio concedido apenas às boas alunas, de comportamento exemplar, Zélia insiste: "Acima de tudo, que ela se esforce para merecer esse belo título".[30]

Não é difícil associar seu êxito escolar à excelente educação que receberam de seus pais. As professoras ficam extasiadas diante do comportamento de Paulina e Maria, sem demonstrar-lhes tal admiração, para preservar sua humildade. Elas exigem das duas sempre mais, para ensinar-lhes a dar o melhor de si. Os

---

[30] CF 110.

Martin não escolhem a Ordem da Visitação apenas por causa da irmã de Zélia, mas sobretudo porque o espírito de firme doçura que preside a pedagogia das Irmãs da Visitação se associa àquele da família. Zélia dá um exemplo: na escola de Alençon, Maria, aos 6 anos, faz virar um vidro de tinta e se vê obrigada pelas professoras a mergulhar as mãos na tinta e em seguida esfregá-las no rosto, o que, anos depois, ainda a fará ferver de raiva e indignação. Na Visitação, o mesmo acidente acontece com Paulina. As irmãs, bem conscientes de que a criança não fizera de propósito, limpam a tinta e não lhe fazem nenhuma repreensão. Lição mais proveitosa. Zélia elogia para Maria os bons resultados desse modo de agir. Esta, intransigente e selvagem de temperamento, se deixa conquistar pela doçura das Irmãs da Visitação.

O desafio maior de Luís e Zélia é a terceira filha, Leônia. Desde seu nascimento, ela apresenta uma saúde frágil, e seus pais logo observam que essa criança é mais difícil que as outras. Hoje é possível entender melhor as razões de suas dificuldades: ao sofrimento de suas enfermidades crônicas, acrescenta-se o que certamente foi para ela um trauma: a perda de sua irmã Helena. As crianças Martin, em razão de sua idade, crescem em dupla: primeiro, Maria e Paulina; depois, Celina e Teresinha. Também poderia ter existido a dupla Leônia e Helena: nascidas em 1863 e 1864, elas eram próximas pela idade, se não pela personalidade, e companheiras nas brincadeiras. Mas, Helena morre em 1870 e é precisamente nas semanas seguintes que surgem nas cartas de Zélia os primeiros traços do gênio forte da criança que ficou sozinha. Além do choque de uma morte tão precoce, Leônia sente o desconforto de sua nova posição: de idade muito distante em relação às irmãs maiores ou às duas caçulas, ela se sente solitária e se fecha em si mesma. Ela acumula imprudências e caprichos, não cumpre suas promessas, tem ataques de raiva... As dificuldades não param de aumentar. Quando a menina completa 9 anos, Zélia escreve: "Não consigo analisar seu caráter, aliás, os mais sábios perderiam seu latim ao fazer isso; espero, entretanto, que a boa semente um dia saia da terra. Se eu vir isso, cantarei meu *Nunc dimittis*".[31] Não é exagero dizer que essa esperança vai salvar Leônia. Seus pais jamais desanimarão, e Zélia não deixa de observar, ao lado de cada relato das malvadezas da criança ou de suas preocupações de mãe, que sua filha no fundo tem bom coração. Luís sempre a chama "minha boa Leônia", ao passo que a tia de Le Mans chegará a chamá-la de "a predestinada".[32] Eles demonstram confiança na filha: sabem que ela é boa e capaz de mudar. Prestando atenção para não transformar a menina no "patinho feio" da turma, eles criam em torno dela uma solidariedade familiar, pedindo às outras filhas que rezem por ela.

Contando com o êxito de sua irmã onde ela própria não acerta, Zélia decide, com Luís, enviar Leônia estudar com as Irmãs da Visitação, em janeiro de 1874. A pequena está então com 11 anos, mas parece ter oito. Irmã Maria Dositeia cuida dela segundo a grande tradição de São Francisco de Sales, privilegiando a delicadeza: "No primeiro mês, eu a repreendia quando ela não agia bem, o que acontecia com tanta frequência, que eu não fazia nada além disso... Eu estava vendo que tornaria essa menina infeliz e não era o que eu queria; eu queria ser uma Providência de Deus para ela [...]. E me pus então a tratá-la com maior doçura, evitando repreendê-la e dizendo-lhe que conseguia ver que ela queria ser boazinha e me agradar, que eu

---

[31] CF 81. Cântico de Simeão, em Lucas 2,29-32: "Deixai agora vosso servo ir em paz, conforme prometestes, ó Senhor. Pois meus olhos viram vossa salvação...".
[32] Leônia, ainda criança, foi curada pela intercessão de Santa Margarida Maria.

tinha essa confiança [...]. Isso produziu nela um efeito mágico, não apenas passageiro, mas duradouro, pois isso se mantém e eu a vejo completamente encantadora [...]. Será necessário ainda, mais de uma vez, temperar a doçura com firmeza". Mas essa bela pedagogia é limitada pelo fato de que a tia não pode ocupar-se exclusivamente de Leônia, que, quando se encontra em grupo, "fica alheia e se mostra de uma dispersão sem igual".[33]
Insuportável em comunidade, as Irmãs da Visitação se veem obrigadas a mandar Leônia de volta para casa. Zélia, que enxergava na vida de internato o único recurso para sua filha tão instável, se vê por um momento tentada a perder a esperança em relação a ela. Apega-se então à esperança em Deus: "Espero contra toda esperança. Quanto mais difícil ela se mostra, mais me convenço de que o bom Deus não permitirá que ela se mantenha assim. Rezarei tanto, que ele acabará cedendo".[34] Sabendo que seu amor materno não é suficiente para ajudar sua filha, ela a confia humildemente à melhor das mães: "Tenho a intenção de levá-la todos os anos ao santuário de Nossa Senhora de Séez, no dia da Imaculada Conceição".[35] Para quem não gosta muito de peregrinações, o sacrifício não é pequeno, e ela ainda pretende levar a filha a Paray-le-Monial. Entretanto, num momento de fraqueza, confessa: "Às vezes ela me tira do sério".[36]

Sua irmã a apoia de todo o coração nessa provação. Intuitiva ou profetisa, Irmã Maria Dositeia está certa de que Leônia se tornará santa. Os pais optam então pelas aulas particulares ministradas por duas senhoritas idosas, à casa de quem se deve levar a menina duas vezes por dia, o que não é nem um pouco cômodo. Zélia começa a encher-se de esperança ao ver sua filha

---

[33] CF 117.
[34] Ibid.
[35] Ibid.
[36] Ibid.

preparar-se o melhor que pode para sua primeira comunhão, em maio de 1875. Outro pequeno fato confirma a Zélia que sua filha tem um coração de ouro, apesar das aparências: ela, que sempre festejava a oportunidade de passar as férias em Lisieux, subitamente recusa-se a viajar. Seus pais pensam ser mais um capricho da menina, até descobrir que ela quer dar seu lugar a Celina, para fazer-lhe um agrado.

Mas a situação, apesar disso, não melhora e Zélia escreve, em 1876: "Não consigo vencê-la: ela só faz o que quer e como quer".[37] Mais desanimadora ainda para seu coração de mãe é a experiência de ver Leônia, entrando para a adolescência, parecer rejeitá-la completamente, obstinando-se em contradizê-la e em fazer sempre o contrário do que ela deseja: "Tentei por todos os meios atraí-la para mim: tudo havia ido por água abaixo até esse dia, e nisso consistia a maior tristeza que tive em toda a minha vida".[38] Zélia ainda não duvida de que o Senhor dará uma resposta a sua esperança, conduzindo para perto dela o coração de sua filha, como veremos.

Para Luís e Zélia, a educação das filhas tem um objetivo: "educá-las para o Céu".[39] O que eles desejam acima de tudo para elas é a santidade: "Enquanto ainda estamos aguardando, precisamos servir bem ao bom Deus, minhas queridas filhinhas, e esforçar-nos para merecer um dia estar entre os santos".[40]

Para definir o método educacional dos Martin, Zélia utiliza a metáfora do jardim, muito apreciada por toda a família: precisamos preparar a terra, contar com confiança com o orvalho do Céu, fazer tudo o que estiver ao nosso alcance para um bom

---

[37] CF 169.
[38] CF 194.
[39] CF 192.
[40] CF 155.

cultivo e deixar que o bom Deus faça brotar flores e frutos. Portanto, a educação se faz com Deus e para Deus.

Mais do que por palavras, é pelo poder do exemplo que os Martin dão testemunho da vida cristã a suas filhas. As crianças têm diariamente diante dos olhos o espetáculo de seus pais que oram. Luís, seu "rei", se põe de joelhos, o que deve dizer muito sobre Deus a essas garotinhas que adulam seu pai. Assim, uma noite, não vendo seu pai fazer suas orações, Teresinha, com apenas 2 anos, reage vivamente: "Por que é que você não está fazendo sua oração, papai? Você foi à igreja com as senhoras?".[41] O Céu está tão presente na morada familiar que não há necessidade alguma de se fazerem grandes discursos para que as crianças fiquem impregnadas por ele. "[Leônia] ouve tanto falar sobre a outra vida, que também fala dela".[42] "Meu pai e minha mãe", atesta Maria, "tinham uma fé profunda e, ouvindo-os falar juntos a respeito da eternidade, nos sentíamos dispostas, ainda jovens que éramos, a olhar as coisas do mundo como pura vaidade".

Muito cedo, as meninas começam a imitar seus pais, seja no zelo pela conversão das almas (com uma ingenuidade comovente, Paulina escreve um dia a sua mãe que os sermões que ouve nesse momento na escola são "tão lindos, tão lindos, que certamente um pecador se converteria se a eles assistisse, o que seria impossível de outro modo!"),[43] seja na atitude oblativa: assim, Zélia conta com orgulho que Maria suportou sem reagir uma dolorosa consulta ao dentista, tendo decidido oferecê-la pelo descanso da alma de seu avô. E se Maria é capaz de tal sacrifício, é porque viu sua mãe optar por oferecer todos os seus méritos ao Senhor por essa intenção.

---
[41] CF 130.
[42] CF 159.
[43] CF 118.

Mais do que um exemplo de vida cristã, Luís e Zélia são para suas filhas imagens vivas de Deus. Teresinha irá tão mais facilmente ao Pai pelo fato de ter feito a experiência de uma paternidade humana cheia de bondade e ternura. O papel de Zélia não é menos importante. Por duas vezes em seus escritos, a fim de dar a entender a misericórdia e o espírito de infância a seus leitores, Teresinha lhes dá a imagem de um faltoso que, em vez de se esconder, por medo de represálias, se lança nos braços de seu pai, onde é acolhido como o filho pródigo. Um relato de Zélia nos mostra a origem dessa representação. Teresinha finge um dia estar dormindo; sua mãe fica muito descontente por ver a filha mentir, e não lhe esconde isso. "Dois minutos depois, pude ouvi-la chorar e eis que logo, para minha grande surpresa, ela se pôs a meu lado, tendo saído sozinha de sua caminha e descido as escadas com os pés descalços, envolvida em sua camisola, maior que ela. Seu rostinho estava coberto de lágrimas: 'Mamãe', disse-me ela abraçando meus joelhos, 'fui má, perdoe-me!'. O perdão foi instantâneo. Carreguei então meu pequeno querubim no colo, pressionando-a forte contra meu coração e cobrindo-a de beijos. Ao ver-se tão bem recebida, ela me disse: 'Oh! Mamãe, se você me cobrisse como quando eu era pequena, eu comeria meu chocolate aqui à mesa!'. Dei-me ao trabalho de buscar sua coberta e a cobri como quando ela era pequena. Eu dava a impressão de estar brincando de boneca".[44] Teresinha agirá exatamente da mesma maneira com Deus, por quem não será menos bem recebida. Assim, Luís e Zélia abriram uma estrada real pela qual Teresinha vai correr.

Os Martin não tiram seus preceitos de obras de Psicologia, mas do Evangelho, e Jesus é a referência que eles dão a suas filhas. Julguemos tal afirmação com o auxílio da historinha que

---

[44] CF 188.

se segue: Celina, aos 4 anos de idade, está brincando na rua, quando uma criança pobre passa por perto e fica a espreitá-la com um ar debochado. "Vá embora", diz a pequena Martin, ao que a outra criança lhe dá "um tabefe bem dado". Zélia lhe aconselha então a perdoar seu agressor, o que parece tão escandaloso a Celina quanto aos ouvintes de Jesus: "Mamãe, você quer que eu ame o pobre que acabou de me dar bofetadas e me deixou com o rosto todo dolorido?". Com a lógica implacável das crianças, ela então declara: "Não gosto nada desses pobres!". A mãe lhe mostra que isso não agradará nem um pouco ao bom Deus, a ele que os ama tanto. Mas Celina não muda de ideia e vai dormir, sem dúvida acompanhada pela oração de sua mãe. Na manhã seguinte, a garotinha corre para perto de Zélia e lhe anuncia orgulhosamente: "Tenho um belo buquê para a Virgem Santa e o bom Jesus. A partir de agora, gosto muito dos pobres!".

Luís e Zélia estão convencidos: "Seja para o caminho do mal, seja para o caminho do bem, é preciso dar apenas o primeiro passo; depois, você será levado pela correnteza".[45] Os Martin acompanham suas filhas em seus primeiros passos, tanto em sentido literal, como no sentido figurado; e os primeiros passos no caminho da virtude são para eles bem mais importantes do que os outros. Para motivá-las a fazer o bem, muito mais do que balas e moedinhas, eles lhes propõem objetivos intangíveis: a conversão de certo pecador, o consolo de Jesus... O método não fica devendo em eficácia, na medida em que entre esses objetivos se encontra o pilar da "pequena via" de Teresinha: "agradar a Jesus".

Na educação das filhas, Luís e Zélia também dão prioridade à luta contra o orgulho. "Preserva também o teu servo do or-

---

[45] CF 1.

gulho, para que ele nunca me domine", diz um salmo.* Os pais sabem que a humildade é a via da santidade e a cultivam com todos os meios. As cartas de Zélia traduzem seu entusiasmo diante de suas filhas, mas ela não deixa transparecer nada na presença delas: "As crianças que são os ídolos de todo mundo têm, mais do que outras, esse defeito [o orgulho] a combater, se ele não for reprimido pelos pais".[46] Eles não deixam passar nenhuma vaidade: num dia em que Maria, que admira os títulos e os grandes palacetes, colhe flores numa casa da vizinhança e anuncia seu desejo de levá-las à escola, seu pai, adivinhando sua verdadeira intenção, a repreende energicamente: "E depois você dirá que elas vieram da *tua propriedade*?". Essa lição deixa-lhe marcas profundas.

Educadas desde bem pequenas a discernir o bem do mal, as meninas Martin desenvolvem uma consciência muito sensível: Maria, na escola, não consegue se alegrar totalmente ao receber um prêmio, por não estar certa de merecê-lo. Bela sensibilidade, mas que às vezes se aproxima do excesso. Com efeito, algumas frases infelizes não lhes foram poupadas: "O Céu é para as crianças comportadas", "Se você pecar, Deus não gostará mais de você"... Luís e Zélia não são pais perfeitos; no entanto, é preciso levar em consideração o contexto da época, quando tais observações eram comuns. Extremamente opressoras, num meio desprovido de religiosidade como o nosso, elas são muito menos violentas quando a atitude paterna dá provas constantes da bondade de Deus.

É com grande encantamento que Luís e Zélia veem a luz da fé acender-se no coração de suas meninas: "Teresinha faz sua

---

* Sl 19,14. De acordo com a tradução francesa: "Preserva-me do orgulho e estarei puro do pecado grave". (N.T.)
[46] CF 50.

oração como um anjinho, o que é ideal!".[47] Uma noite, Zélia oferece um pedaço de chocolate a Celina, que está com 7 anos, mas não obtém resposta. A criança lhe confessa mais tarde que estava muito ocupada "abrindo seu coração ao bom Deus"![48] Por esse episódio, Zélia fica tão emocionada quanto convencida de que "o bom Deus escuta a oração das crianças".[49]

É desde o momento em que são concebidas que as meninas Martin são educadas para o Céu: "Sua união com Deus e o fervor de suas orações, quando esperava um filho, eram tão grandes", como conta Celina de sua mãe, "que ela se espantava por não ver, nesses pequenos seres, disposições à piedade desde o despertar de sua inteligência". Eles transmitem a fé a suas filhas com uma pedagogia cheia de maleabilidade: "Esta manhã, chamei Leônia para junto de mim, para que lesse algumas orações, mas ela logo se cansou e me disse: 'Mamãe, conte-me a vida de Nosso Senhor Jesus Cristo'. Eu não queria contar, para poupar-me, pois continuo com dor de garganta. Mas por fim, fiz um esforço e contei-lhe a vida de Nosso Senhor. Quando cheguei ao episódio da Paixão, as lágrimas foram mais fortes que ela. Fiquei feliz por ver nela esses sentimentos".[50]

Luís e Zélia criam suas filhas para uma vida cristã intensa, mas com sabedoria. Assim, Zélia se preocupa por ver Maria, aos 15 anos, ir todas as manhãs à missa das seis horas. Ela mesma se levanta antes que o dia amanheça, mas acha isso demais para sua filha. Nesse momento, Maria atravessa uma pequena crise de adolescência e Zélia sente que seus conselhos de prudência não serão escutados. Ela conversa então sobre a questão com Irmã Maria Dositeia, que tem grande influência sobre a jovem e

---

[47] CF 176.
[48] CF 174.
[49] CF 88.
[50] CF 139.

consegue convencer a sobrinha de que ela precisa de mais horas de sono; contudo, é com admiração que Zélia vê a piedade de sua filha mais velha: sem que a forcem, Maria recita diariamente seu terço e continua a participar da santa missa.

Luís e Zélia sabem que só Deus dá a fé e que não se pode forçar uma criança a crer, mas não deixam de pelo menos dar a suas filhas todas as condições que ajudam a graça a implantar-se no coração delas. De fato, como sabemos, o sucesso de tal empreendimento foi extraordinário, já que cada uma das meninas Martin desenvolverá um amor ao Senhor tão grande, capaz inclusive de torná-las aptas a dar-lhe a própria vida.

Alguém poderá perguntar-se se Luís e Zélia não educaram suas filhas com o objetivo de torná-las religiosas. Que futuro eles lhes prepararam por meio da educação que lhes deram? Para responder a essa questão, precisamos entrar no coração de sua visão de educação: nossos filhos não nos pertencem.

Luís e Zélia estão certos de serem apenas os mandatários da autoridade divina junto a suas filhas, de modo que apenas a ele pertencem os "direitos de autor". Tal convicção se aprofundará ainda mais com a perda de seus quatro "anjinhos". Cada criança é acolhida como uma bênção do Céu, quaisquer que sejam as circunstâncias financeiras ou de saúde. Na época, não se sabia sobre o controle de natalidade por meio da abstinência periódica. Entretanto, a atitude de Luís e Zélia tem algo a nos dizer: eles não são os donos da vida, não têm direito sobre ela e contam com a Providência para ajudá-los a educar suas filhas. Se hoje é difícil para muitas famílias não planejar os nascimentos,[51] a atitude do casal Martin é uma proposta para todos: acolhimento

---

[51] A Igreja, que sabe bem disso, convida os casais a seguirem os métodos naturais.

generoso da vida, com uma humilde confiança em Deus. Menina ou menino, não importa. Quando sua cunhada lhe anuncia o nascimento de uma menina, Zélia responde: "Se você for como eu, não se aflija por isso, pois nunca tive, por um minuto sequer, qualquer tristeza por isso".[52]

No entanto, Luís e Zélia alimentaram por muito tempo a esperança de ter um filho padre. Assim, admiram as mãos de seu primeiro filho, José, considerando-as benfeitas para segurar mais tarde a Santa Eucaristia. Mas se o menino tivesse crescido, é evidente que o teriam deixado livre para escolher seu caminho: eles se recusam a controlar a vinda de seus filhos tanto quanto seu futuro, abandonando-o ao Senhor e à liberdade da criança. No início de seu casamento, contudo, eles ainda não estão presentes. Luís e Zélia fazem então esta oração: uma vez que não puderam ser religiosos, que seus filhos todos o sejam. Oração essa tão ingênua quanto marcada pela decepção de cada um deles. Será preciso uma mudança de olhar sobre sua própria vocação de pais e um abandono cada vez mais radical à vontade de Deus para que, alguns anos mais tarde, sua oração seja completamente diferente.

Quando Zélia começa a desconfiar de que Maria tem em mente a vida religiosa, ela escreve a Paulina: "Não diga isso a ela, que pensaria ser esse o meu desejo; na verdade, esse é o meu desejo apenas se for da vontade de Deus. Desde que ela siga a vocação que ele lhe dará, ficarei feliz".[53] Aliás, Maria se sente tão pouco impulsionada por seus pais à vida religiosa que um dia ela os repreende chorando por ter-lhe comprado um lindo vestido: "Nós a vestíamos como uma moça que se quer fazer casar a qualquer custo, e certamente nós seríamos a causa de ela ser pedida em casamento!".[54]

---

[52] CF 59.
[53] CF 147.
[54] CF 161.

Zélia estimula suas filhas a sair e a fazer amizade com jovens de sua idade. Um dia, quando Maria é convidada a uma reunião de moças, Irmã Maria Dositeia se opõe. Zélia reage com seu característico bom senso: "É preciso então fechar-se como num claustro? Não se pode, no mundo, viver como lobos! Em tudo o que 'a santa filha' nos diz, há algo a ser aproveitado e algo a ser dispensado".[55]

Tudo o que Luís e Zélia doravante querem é a santidade de suas filhas, seja qual for seu estado de vida. No fim de sua vida, Zélia pressente a que vocação suas duas filhas maiores se dirigem e confessa que ficaria muito feliz ao ver suas filhas se tornarem religiosas, porém, ao mesmo tempo, "não sem sofrimento". Esse sofrimento da separação lhe será poupado, mas não a Luís. O passar do tempo nos fez ver o belo florescimento das cinco filhas do casal Martin em sua vocação religiosa e nos mostra que não podemos limitar o desenvolvimento que tiveram a uma interpretação estritamente humana. É praticamente impossível colocar em questão a origem divina daquilo que cada uma delas sempre percebeu como um chamado de amor de Deus.

Luís e Zélia deixam às filhas, como a seu Criador, uma grande liberdade, colocando-se a seu serviço.

---

[55] CF 173.

AS EMPRESAS MARTIN

De 1858 a 1870, há duas empresas Martin. Em primeiro lugar, a relojoaria/joalheria de Luís, situada no andar térreo da residência familiar, na rua du Pont-Neuf. O bairro não é central, mas Luís consegue formar uma clientela fiel, que aprecia seu talento e honestidade. Ele fabrica e conserta relógios de pulso e relógios de parede, além de vender algumas joias. A partir de 1863, passa a ajudar sua esposa, cada vez mais atarefada com sua empresa de rendas de Alençon, chegando a abandonar sua relojoaria/joalheria para dedicar-se apenas a ajudar a mulher.

Desde o início, com efeito, a atividade de Zélia adquiriu proporções significativas. Em que consistiria exatamente? Padre Piat explica: "A renda deve ser trabalhada em pedaços de quinze a vinte centímetros, sobre um pergaminho perfurado de acordo com o desenho a ser reproduzido e acompanhado de uma tela. Empregam-se aí fios de linho de altíssima qualidade e de extrema fineza. Uma vez executado o 'traço', o 'pedaço' passa de mão em mão, segundo o número de pontos que ele comporta – existem nove, cada um constituindo uma especialidade. É preciso em seguida destacar cada pedaço, separá-lo dos fios inúteis, reparar os rasgos inevitáveis, passando depois para a reunião dos pedaços:

trabalho delicado, feito com a ajuda de agulhas praticamente imperceptíveis e de fios cada vez mais finos".[1]

É esse trabalho de juntar os pedaços que Zélia reserva para si, ainda que no fim de sua carreira ela empregue uma, às vezes duas funcionárias para essa tarefa específica. Ela agrupa as encomendas, fornece às operárias que trabalham em casa o material necessário a cada especialidade e providencia a passagem dos pedaços de uma a outra. Posteriormente, coordena e corrige o todo. A partir de 1863, Luís fica encarregado da entrega da mercadoria, negociando com os clientes, trabalho que Zélia antigamente terceirizava. Para isso, ele viaja constantemente a Paris, para tratar com os revendedores. É lá que ele pega as encomendas, compra material, faz entregas. Também faz a contabilidade e, às vezes, até ele pega na agulha.

Os Martin empregam pelo menos nove operárias, que eles pagam com presteza: o menor atraso lhes parece uma enorme injustiça. Às quintas-feiras, Zélia as recebe: elas lhe trazem o pedaço de renda que coseram e vão embora levando um novo pedaço a ser trabalhado. Jornada particularmente ativa, pois Zélia quase sempre tem um bebê nos braços ou uma criança que corre por perto! De qualquer maneira, é preciso dar um jeito: as operárias não hesitam em improvisar-se como babás, para a maior felicidade das pequenas.

Zélia é muito estimada por suas funcionárias. "É uma pessoa muito justa, boa para suas empregadas, corajosa e que sabe trabalhar. Uma santa!", testemunhará uma delas, a senhora Commin. Uma de suas operárias fica doente; Zélia vai visitá-la domingo, não titubeando em prover a suas necessidades, se preciso for. Ela nem mesmo consegue mandar embora uma funcionária incompetente. A senhorita Irma, além de fazer mal

---
[1] HF, p. 29.

seu trabalho, irrita-se quando Zélia lhe faz a menor observação. Pragmático, Luís não quer continuar com ela, já que esta não merece o que ganha. Sua mulher tenta fazê-lo desistir, mas acaba por obedecê-lo, num primeiro momento, contratando uma nova empregada para substituí-la. No entanto, não consegue resistir às lágrimas de Irma, que vem pedir-lhe perdão, e por fim se vê com duas operárias, quando apenas uma bastaria.

A Isidoro, que se prepara para abrir uma farmácia em Lisieux, Zélia escreve uma carta na qual é possível sentir todo o peso da experiência pessoal: "Lamento por você, meu pobre amigo; você vai entrar na vida real, que estará cheia de misérias, preocupações e trabalho. É preciso realmente ter coragem e paciência, pois você não acabou de penar; você trabalhará tanto quanto os Trapistas e a recompensa será menor".[2]

Com efeito, Luís e Zélia não poupam energias, trabalhando tanto quanto as crianças lhes permitem durante o dia, amiúde "prolongando os dias com a lâmpada",[3] até tarde da noite. Nos períodos de maior sobrecarga, Zélia fica acordada das quatro e meia da madrugada até onze horas da noite. Essa mulher cheia de energia conclui: "Sou obrigada a trabalhar excessivamente. Isso me deixa realmente infeliz; eu adoraria ter um pouco de descanso antes de morrer".[4] "No entanto, quanto mais dificuldade tenho, melhor me sinto."[5]

Zélia conhece bem as angústias que afligem os empresários, vulneráveis aos riscos da moda e da economia: "É essa danada dessa renda de Alençon que dificulta minha vida: quando tenho muitas encomendas, sou uma escrava da pior escravidão; quando não há trabalho, vejo-me em maus lençóis, precisando mandar

---

[2] CF 18.
[3] CF 22.
[4] CF 163.
[5] CF 118.

para outros fabricantes aquelas trabalhadoras que custei a encontrar, de modo a ter um bom motivo para me preocupar, e para ter pesadelos!".[6] Para ela que tem uma natureza ansiosa, a provação é grande. Com muita frequência, podemos vê-la, com uma pilha de encomendas para entregar, escrevendo assim em suas cartas, com algumas semanas de atraso: "Meu comércio vai mal, muito mal, não poderia ir pior. Acho que estou no fim de meu reinado".[7] Essa falsa predição é recorrente em suas cartas.

Embora Zélia reclame de seu trabalho, ela gosta do que faz. Depois de uma de suas raras saídas para distrair-se, e achando-a tediosa, ela escreve: "Para dizer a verdade, só me agrada ficar sentada diante da minha janela, trabalhando na minha renda de Alençon".[8] Ainda mais porque, exatamente nesse dia, ela está grávida de Teresinha. Isso ilustra bem a vida simples que Zélia aprecia: trabalhar perto de seu marido e das crianças.

Zélia se dedica completamente a seu trabalho, por sua família, e acaba inclusive por perceber que o Senhor lhe pede para não guardar nada "para si": todo o seu tempo deve ser doado. Ela conta a seu irmão, com uma dose de humor: "É preciso dizer que não tenho sorte; sempre que me proponho a sair, surge um contratempo. Observei isso muitas vezes; por isso, renunciei a qualquer tipo de distração; não quero mais ouvir falar nisso. O melhor passeio que já fiz em toda a minha vida foi o de Trouville. Como ele terminou? No momento exato em que começava a me sentir feliz, chegou uma correspondência que nos obrigava a modificar todos os nossos projetos. Estou certa de que, se voltar para lá, o mar me engolirá; por isso, disse adeus a Trouville, adeus de bom coração, porque a vida é um mar de provações!".[9]

---

[6] CF 15.
[7] CF 32.
[8] CF 82.
[9] CF 122.

Deus não condena o repouso e a distração, mas o caminho de oblação de Zélia não é esse? Deus sabe que Zélia quer ser santa, e é justamente esse o caminho de santificação que lhe propõe. É muito impressionante ler suas cartas em ordem cronológica. Zélia se doa constantemente, seja a sua família, a seu trabalho, seja aos pobres... Não é raro vê-la de pé no meio da noite para cuidar de uma criança doente, para terminar uma encomenda urgente. Ela confessa estar sempre muito cansada. Sua atividade quer ser uma resposta aos apelos constantes de uns e de outros. "Amar é dar tudo, e dar-se por inteiro", escreverá sua filha; e é assim que Zélia ama seu marido, suas filhas, seus clientes, todos aqueles que batem à sua porta, suas funcionárias. É evidente que ela sofre por estar o tempo todo atarefada e não esconde isso, porém, não se queixa de nada, tendo a sensação de não fazer mais do que sua obrigação, como o servo inútil do Evangelho.

As únicas férias que Zélia se permite tirar são uma temporada em Lisieux a cada dois anos, aproximadamente. É então uma grande alegria: as meninas reencontram as primas, e Zélia, o irmão e a cunhada, que organizam festas e passeios para elas. Só fica faltando Luís, que precisa ficar em Alençon para cuidar da loja e das filhas menores. Mas ele também tem suas férias: não há um ano em que Luís não faça uma peregrinação ou um pequeno retiro.

Zélia coloca cada vez mais seus negócios nas mãos de Deus e consegue fazer um ato de fé libertador: "Eu era como você quando comecei meu comércio de renda de Alençon, de modo que acabei ficando doente; agora, estou bem mais consciente, me preocupo muito menos e me conformo com todos os acontecimentos desagradáveis que surgem ou podem surgir. Digo a mim mesma que o bom Deus permitiu assim, e depois não penso mais nisso".[10] Mesmo se as adversidades da empresa não deixam de ser provações, ela sabe doravante reconhecer as mãos da Providência operando em seu comércio: "O bom Deus, que é um bom Pai e que nunca dá a seus filhos mais do que podem suportar, aliviou o fardo: o ritmo da renda de Alençon diminuiu".[11] E ela confessa: "Trabalho sempre na esperança".[12] Zélia poderia ter dito, com Santo Inácio de Loyola: "Pedir, sabendo que tudo depende de Deus, mas agir como se tudo dependesse de nós".

Quando Isidoro enfrenta dificuldades com sua farmácia, Zélia lhe escreve uma carta que nos ajuda a compreender sua visão do trabalho: "Minha irmã me falou muito sobre os seus negócios. Ela acha que você poderia ter um representante em várias cidades. Eu já considero isso tão difícil quanto arrastar a lua com os dentes! Disse a ela para não ficar quebrando a cabeça com isso, pois só há uma coisa a se fazer: orar ao bom Deus, pois nem ela nem eu podemos ajudá-lo de outra maneira. Mas ele, a quem nada pode afligir, nos tirará da aflição quando achar que sofremos o bastante, e então, você reconhecerá que não é a tuas capacidades nem a tua inteligência que se deve seu sucesso, mas somente a Deus, como eu, com minha renda de Alençon; essa convicção é bastante salutar, pude experimentá-la pessoalmente. Você sabe que todos nós somos inclinados ao orgulho, e pude observar frequentemente que aqueles que fizeram fortuna são de uma prepotência insuportável. Não estou dizendo que não poderíamos fazer fortuna, mas também poderíamos ser mais ou menos manchados por esse orgulho; depois, é certo que a prosperidade constante nos distancia de Deus. Ele jamais conduziu seus eleitos por esse caminho; eles passaram primeiro pelo cadinho do sofrimento, para purificar-se. Você vai dizer que estou dando

---

[10] CF 26.
[11] CF 34.
[12] CF 44.

sermão, porém, não é essa minha intenção; penso nessas coisas muitas vezes, só quero partilhá-las com você; agora, você pode chamar isso de sermão se quiser!".[13] Com seu humor e vivacidade habituais, Zélia expressa-se sabiamente...

Depois de tanto trabalho e sempre cheios de confiança, Luís e Zélia acabam formando uma pequena fortuna. Zélia atribui o êxito dos negócios ao respeito que têm pelo dia do Senhor, o domingo. Em vão os amigos, e mesmo o confessor de Luís, tentam convencê-los a trabalhar aos domingos. No bairro em que se situa a rua du Pont-Neuf, todo domingo é dia de feira e, consequentemente, de grande movimento. Caso abrisse sua loja, Luís poderia fazer bons negócios, tendo ele suas filhas para criar. E Zélia, quando está cheia de trabalho, sairia ganhando se trabalhasse em dia de domingo, ao invés de ficar até tarde da noite, durante a semana, se sobrecarregando de trabalho. Mas esses cristãos confiantes, que entregaram todos os seus negócios nas mãos de Deus, não veem como poderiam ganhar infringindo o mandamento do dia do Senhor, pelo qual têm um respeito filial.

"Lembra-te do dia do sábado para santificá-lo. Trabalharás durante seis dias, e farás toda a tua obra. O sétimo dia, porém, é o sábado de Iahweh teu Deus. Não farás nenhum trabalho, nem tu, nem teu filho, nem tua filha, nem teu escravo, nem tua escrava, nem teu animal, nem o estrangeiro que está em tuas portas. Porque em seis dias Iahweh fez o céu, a terra, o mar e tudo o que eles contêm, mas repousou no sétimo dia; por isso Iahweh abençoou o dia do sábado e o consagrou" (Ex 20,8-11).*

---

[13] CF 81.

* A versão da Bíblia utilizada por Hélène Mongin se abstém de nomear o sábado, designando o sétimo dia como "dia do repouso". Aqui, continuamos a utilizar a tradução da *Bíblia de Jerusalém*. São Paulo: Paulus, 2002. (N.T.)

O respeito pelo domingo vai longe entre os Martin: não se deve nem mesmo participar do trabalho alheio nesse dia. Assim, Zélia evita de tomar o trem e Luís, de fazer compras. "Muitas vezes, fico a admirar os escrúpulos de Luís e digo a mim mesma: 'Eis um homem que nunca tentou fazer fortuna'. [...] Não posso atribuir a prosperidade que ele alcançou senão a uma bênção especial, fruto de sua observância fiel do domingo".[14] Por isso, ela predisse a seu irmão, que na mesma época mal consegue viver com o que ganha, mas que, como Luís, respeita escrupulosamente o repouso dominical: uma bênção semelhante.

No entanto, o domingo é muito mais um dia santo para o casal Martin do que tempo de descanso: pela manhã, eles vão à primeira missa, quando têm a felicidade de comungar; depois, à missa festiva e, às vezes, a uma terceira missa, para o momento de ação de graças. Observemos que naquela época, isso não era algo incomum. Um bom almoço servia para reunir toda a família; depois, se por sorte as pequenas resolvem fazer a sesta ou brincar tranquilamente, Zélia se põe a escrever suas cartas, enquanto Luís lê. Depois das vésperas e de um belo passeio, todo mundo retorna à presença salutar do Santíssimo Sacramento. Por fim, uma pequena reunião noturna, acompanhada pela oração familiar, vem concluir a jornada, que só termina para Zélia depois de concluir suas cartas.

A partir de 1872, com uma situação financeira estabilizada, Luís e Zélia poderiam ter diminuído o ritmo de trabalho; poderiam inclusive ter-se permitido vender a empresa para aproveitar uma aposentadoria agradável. Eles não o fizeram, por duas razões principais: primeiro, por uma questão de honra, eles não querem passar o trabalho para as operárias. A segunda razão é

---

[14] CF 140.

mais ambígua: Zélia se preocupa tanto com o futuro das filhas que parece beirar o exagero. Essa atitude excessiva poderia explicar-se pela falta de dinheiro que ela viveu quando criança em sua família. Maria chega a odiar o ofício de sua mãe, que ela também percebe como uma escravidão, e é preciso admitir que a questão de Zélia optar por continuar a trabalhar até seus últimos dias é de difícil solução.

Apesar disso, Luís e Zélia nunca trabalharam para acumular riquezas, nem em função de uma ascensão social. Seu único objetivo é poder educar do melhor modo possível suas filhas e abrir-lhes portas: "É preciso que seu pai e eu trabalhemos para garantir-lhes um dote, senão, quando elas forem grandes, não ficarão contentes conosco!"[15], ou ainda, alguns anos depois: "Seria loucura minha deixar esta empresa tendo cinco filhas para cuidar. Preciso ir até o fim por elas".[16]

Luís e Zélia não trabalham por dinheiro, na medida em que não são materialistas. Ao mesmo tempo que Maria começa a invejar as belas residências de suas colegas ricas, Zélia escreve: "Maria sonha com outra coisa [diferente daquilo que temos]. Quando ela tiver essa outra coisa, o vazio possivelmente será ainda mais perceptível; quanto a mim, fico imaginando que, caso estivesse num castelo magnífico, cercada por tudo o que se poderia desejar neste mundo, o vazio seria maior do que se eu estivesse sozinha, num pequeno sótão, esquecendo-me do mundo ou sendo esquecida por ele".[17] Para Zélia, somente Deus pode nos preencher.

Os Martin sabem que não se pode servir a Deus e ao dinheiro, e têm uma atitude particularmente equilibrada em relação a este último. Não o desprezam, mas também não o

---

[15] CF 31.
[16] CF 152.
[17] CF 150.

adoram e sabem que, em sua vocação de leigos e de pais, a santa pobreza não consiste em nada possuir, mas em fazer um uso racional do dinheiro para si e generoso para os outros. Para Luís e Zélia, não se trata de um voto de piedade: depois de fazer fortuna, eles não mudam seu modo de vida, que continua sendo simples, ao contrário de seus amigos. As roupas sempre estão limpas e a mobília, de boa qualidade, não tem valor extraordinário; a comida é comum na maior parte dos dias, mais bem elaborada nos dias de festa ou de visita. As despesas inúteis ou tudo o que seja muito luxuoso é por eles banido, tendo como base esta frase da *Imitação de Cristo*: "Ter em abundância os bens passageiros: não está aí a felicidade do homem; a mediocridade lhe basta".

Luís é o responsável pelas finanças: é dele a incumbência de dividir o orçamento familiar entre despesas corriqueiras, investimentos e doações. Zélia tem sua opinião a expressar e não hesita em às vezes "atormentá-lo" em relação a isso: é assim que, depois da guerra de 1870, ela o leva a vender uma parte de seu crédito bancário. Luís sabe que esse não é um bom negócio, mas não se opõe à generosidade da esposa, pois sabe que o empréstimo desbloqueado permitirá que ajudem a família Guérin, em dificuldade por causa da guerra.

Ao mesmo tempo, Zélia não esconde de si mesma que não tem nenhum talento para as finanças, de modo a confiar totalmente em seu marido, no que diz respeito ao orçamento familiar, e ambos frequentemente pedem conselhos a Isidoro. De despesas simples, como o vestuário das meninas, é Zélia a responsável. Luís, com muita facilidade, provoca sua mulher em relação a isso. Um dia, quando é preciso renovar o guarda-roupa das meninas, ela escreve: "Enfim, não faço mais do que comprar, todos os dias; seu pai diz que isso é uma paixão para mim! Embora eu lhe diga que não posso agir de outro modo, ele custa a acreditar. Mas ele confia em mim, pois sabe que não vou arruiná-lo!".[18]

Nos negócios, Luís e Zélia são de uma honestidade extrema e preferem ser enganados a darem motivo de desconfiança. Quando um prestador de serviços, a quem o pai de Zélia havia deixado de pagar, por sentir-se lesado, veio reclamar seu dinheiro junto aos filhos, os Martin não somente acertam as contas sem discutir, mas não permitem que Isidoro participe do reembolso: "Meu marido me disse: 'Não quero que Isidoro pague a parte que lhe caberia; ele agiu muito bem com você'. Estou lhe dizendo isso para lhe mostrar como Luís é bom".[19] Em 1870, Luís vende a relojoaria a seu sobrinho, pelo preço que havia pagado vinte anos antes. Levando em conta a inflação e o fato de que um ponto comercial aumenta de valor a cada ano, sua atitude é mais do que generosa.

Por outro lado, os Martin não deixam de emprestar a outras pessoas: a Isidoro, às empresas com as quais trabalham, a particulares em dificuldade, a comércios que correm o risco de fechar as portas... Sem cobrar juros, evidentemente. São credores generosos: quando a guerra os ameaça de perder tudo, eles não apenas não cobram nada de seus devedores em apuros, acabando por perdoar-lhes a dívida, como também lamentam por eles.

Mesmo na época em que não estão nadando no dinheiro, há sempre no orçamento familiar a parte dos pobres, das obras assistenciais e da Igreja. Uma enchente ocorre em Lisieux? Os Martin desbloqueiam imediatamente uma parte dos fundos de investimentos para prestar ajuda aos desabrigados. "Dê, dê sempre e faça muita gente feliz", escreve Luís em 1885. Esse poderia ter sido seu lema.

---

[18] CF 143.
[19] CF 77.

UM CASAL MISSIONÁRIO

A beatificação de Luís e Zélia ocorreu numa data bastante significativa: dia 19 de outubro de 2008, na Jornada Mundial das Missões. A missão específica de um casal é transmitir a vida e educar seus filhos na fé.

Pudemos ver como os pais Martin a põem em prática. Mas eles também podem ser chamados de missionários num sentido ainda mais amplo.

Luís e Zélia creem profundamente que toda pessoa com quem têm contato lhes foi enviada pela Providência Divina. Se preciso for, eles a ajudam tanto quanto podem, imitando assim Jesus, que primeiro curava os doentes, para depois lhes anunciar o Reino dos Céus.

A caridade do casal não se limita a uma porcentagem subtraída do orçamento familiar e enviada a alguma associação. Não! Luís e Zélia são extremamente generosos, mesmo que isso signifique enfrentar riscos pessoais. Não faltam exemplos nesse sentido.

Um dia, Luís encontra uma família na rua e a leva para casa. Zélia dá comida a essas pessoas, tratando-as com atenção, enquanto Luís vai à busca de um trabalho para o pai. Depois de ter recuperado uma vida normal, graças aos cuidados dos Martin, a mesma família lhes envia como sinal de reconhecimento um pequeno verso, por ocasião do nascimento de Teresinha: "Botão que acaba de surgir, serás rosa um dia!". Suas palavras não poderiam ser melhores...

Luís não teme, várias vezes, separar homens que se digladiam com faca em punho. Excelente nadador, também salvou várias pessoas que estavam se afogando. Como bombeiro amador, ao ouvir o alarme de incêndio, um dia ele salva uma senhora idosa das chamas. Conhecendo sua propensão para ações heroicas, sua família fica preocupada quando esse homem tão pontual começa a se atrasar: em que aventura potencialmente perigosa terá ele se metido?

Percebendo um infeliz sem-teto que mendiga sem sucesso numa estação de trem, Luís retira o próprio chapéu, despeja nele uma soma generosa de dinheiro e passa entre os viajantes, pedindo no lugar do mendigo.

Sua ajuda não se reserva aos pobres mais apresentáveis. Certa feita, vendo um operário caído na calçada, tão bêbado que dele os transeuntes se desviavam, Luís o levanta e o conduz de volta para casa, retornando no dia seguinte para vê-lo e conversar com ele, a fim de convencê-lo a não voltar a beber.

Zélia não perde em generosidade de seu marido: "De modo idêntico ao meu pai", escreve Celina, "ela era de uma grande caridade para com os pobres, em suas desgraças, quaisquer que fossem, e isso sem jamais temer qualquer dificuldade que pudesse encontrar, nem impor condições a sua generosidade. Vi muitas vezes, em casa, desafortunados que ela hospedava e aos quais dava dinheiro".

Um dia, Zélia vê no trem uma mulher, com seus filhos, sobrecarregada de bolsas e sacolas. Ela não somente a ajuda durante o trajeto, como também a acompanha até sua casa, voltando à rua

Saint-Blaise apenas à meia-noite. Numa ocasião, ela pôde fazer uma brincadeira com seu marido: vindo Luís buscar a esposa na estação, ele a ajuda a carregar os pacotes da outra mulher e fica boquiaberto ao se ver com um bebê nos braços. "Eu lhe disse então que havia encontrado uma garotinha e que a levaria para nossa casa. Ele não parecia muito contente!".[1]

Outra pequena aventura nos mostra o caráter honesto e generoso de Zélia: em 1875, depois de seu fracasso como pensionista no colégio das Irmãs da Visitação, Leônia passa a receber aulas particulares de duas religiosas que vivem em Alençon. Elas educam em sua casa uma criança, Armandine, para quem não cessam de pedir doações. Zélia logo percebe que a pequena é malnutrida e manda para ela, pelas mãos de Leônia, uma boa refeição, oferecendo-se junto às religiosas para fornecer as refeições da criança. Posteriormente, ela descobre que Armandine também é maltratada: "Fiquei tão indignada, que não queria perder tempo jantando",[2] para encontrar logo a mãe da menina. Zélia escreve às duas religiosas, para lhes mostrar sua revolta. Mas ela se mete com duas manipuladoras da pior espécie, uma das quais aparece na casa dos Martin. Zélia, como se fosse uma boa psicóloga, relata: "Ela chegou com uma amabilidade que eu não seria capaz de descrever-lhe. Tentando chorar, ela me garantiu que, tendo eu a considerado uma santa, queria se humilhar diante de mim e me fazer enxergar a verdade. Esse tom de voz durou por volta de quinze minutos. Então foi minha vez de falar: 'Mas, minha irmã, a senhora fala como uma santa; os santos jamais falaram melhor do que a senhora'. Seu rosto resplandecia: ela acreditava ter-me convencido com sua humildade, achando que eu me jogaria a seus pés... E assim continuei: 'Então, minha irmã, a

---

[1] CF 141.
[2] CF 148.

senhora está arrependida do sofrimento que causou à menina?'. Seu olhar assumiu então uma expressão furiosa e ela me declarou que nenhuma de minhas acusações era verdadeira, ao que lhe respondi friamente, sem me alterar, que tudo de que a acusava em minha carta era a mais pura verdade, e ela foi embora, mal contendo seu furor".[3]

Zélia não se deixou enganar pelo hábito religioso. O hábito não faz o monge, e ela acabou descobrindo que essas duas religiosas... eram impostoras! Expulsas de sua última paróquia, elas vestiram o hábito sem nenhum direito e usavam Armandine para garantir o próprio conforto. Infelizmente, Zélia é a única a ver com clareza essa farsa e as duas falsas religiosas, representando o papel de santas perseguidas, começam a espalhar os piores comentários sobre ela. A mãe de Armandine, precavida, chega diante de Zélia e lhe conta: "Estou vindo da casa das irmãs, peguei minha filha, querendo levá-la comigo; como já estava na soleira da porta, elas abriram a janela e se puseram a gritar: 'Socorro! Ladra de crianças!'. Formou-se um ajuntamento e quatro homens fortes arrancaram a pequena de meus braços, enquanto as irmãs vomitavam uma enxurrada de imbecilidades a seu respeito, senhora, e também sobre mim!".[4] Depois de uma última tentativa para conduzi-las de volta à razão, uma noite de insônia e uma longa oração, Zélia acaba optando por se dirigir à delegacia de polícia, acompanhada por Luís e pela pobre mãe. Atitude terrível para Zélia, que não se sente muito à vontade em público e não gosta de conflitos.

As irmãs, por sua vez, aterrorizaram Armandine, para mantê-la de boca fechada; deram-lhe bebida alcoólica, para que ela exibisse um rosto impassível e representaram a mais dramática

---
[3] Ibid.
[4] Ibid.

cena de cinema diante do comissário de polícia, que começou a ficar do lado delas. "Eu me via perto de ser acusada de impostora; ainda que exigissem de mim uma quantia exorbitante, eu não daria nenhum tostão!",[5] escreve Zélia, que chegou a pensar que seria presa. Ela tem então a feliz ideia de pedir para ficar a sós com a criança. Livre do olhar de suas torturadoras, a pequena confessa tudo o que sofreu. Zélia é inocentada; as falsas irmãs, indignadas e fora de si, explodem em injúrias histéricas contra ela. Luís a ampara, o comissário se interpõe e o caso termina da melhor maneira possível: a menina é devolvida à mãe. Todo mundo é edificado pelo comportamento de Zélia, que vê em tudo isso muito menos uma iniciativa sua do que obra de Deus, a quem ela havia ardentemente orado: "O bom Deus, como creio, pôs a mão nesse caso".[6]

As duas religiosas, no entanto, não cessam de proferir calúnias sobre os Martin e, apesar de seus esforços, Zélia não consegue impedir que Armandine se torne uma pessoa de mau caráter. E conclui com fé: "É preciso admitir que não tenho sorte e que, humanamente falando, não é nada estimulante tentar fazer o bem. Se esse caso infeliz apenas me valesse um olhar misericordioso do Céu, eu me consideraria bem retribuída".[7]

Por natureza, Zélia gosta de ter seus esforços reconhecidos e é muito sensível a agradecimentos. Ela confessa que, com muita frequência, não recebe nada das pessoas a quem ajuda, porém, ao invés de murmurar, aproveita para voltar-se para o Céu: é para Deus que ela trabalha, não para ser agradecida.

Luís e Zélia estão convencidos de que a ajuda mais preciosa que se pode dar a alguém é muito mais espiritual do que material.

---

[5] CF 129.
[6] Ibid.
[7] CF 146.

A salvação das almas é para eles uma prioridade e a oração, sua melhor arma. A indiferença religiosa os deixa profundamente tristes e eles testemunham sem timidez sua fé. Assim, um dia Luís é convidado a uma sessão de espiritismo. Ele aceita o convite, não por curiosidade, evidentemente. Quando o incitam a juntar-se à experiência sobrenatural, ele recusa categoricamente e se põe a rezar interiormente. A mesa não se mexe nessa noite, motivo para alguns o acusarem, enquanto outros, tocados por sua atitude, tiram uma lição do acontecimento.

Uma intenção lhes é particularmente estimada: trata-se da conversão dos pecadores que se acham à beira da morte. De fato, eles sabem que a morte é uma aposta. Ouvindo Isidoro falar de um rapaz que vai morrer impenitente, toda a família se põe em ação: orando, oferecendo uma missa, confiando o caso a São José... Zélia faz até uma novena! Por fim, o rapaz pede os sacramentos poucas horas antes da grande travessia.

Esse não é um caso isolado. Os Martin conspiram para providenciar a todos os agonizantes do bairro a segurança dos últimos sacramentos. Não é raro ver Luís esforçar-se para que o santo viático seja levado a uma casa para a qual sua caridade há muito tempo havia aberto as portas. Quando uma vizinha não praticante se prepara para morrer, Zélia fica comovida: "Meu Deus, como é triste uma casa sem religião! Como a morte parece assustadora nessa situação! [...] Espero que o bom Deus tenha piedade dessa pobre mulher; sua formação foi tão fraca, que não teve culpa de nada".[8] Providencia para ela, então, a extrema-unção, e leva as duas filhas da moribunda consigo. Suas orações são atendidas: "Fernanda me disse que sua mãe rezou até o fim; o bom Deus terá tido misericórdia dela".[9] Zélia se põe

---

[8] CF 216.
[9] CF 146.

então a orar pelas duas órfãs da pobre mulher, enquanto Luís cuida pessoalmente dos assuntos burocráticos.

Por seu testemunho, orações e atitudes, Luís e Zélia se dedicam a pregar a Boa-Nova àqueles que encontram. Mas seu impulso missionário os leva mais longe: eles se unem às intenções da Igreja universal. Todo ano, Luís faz uma doação generosa às pontifícias obras missionárias; ambos acompanham com atenção a grande aventura das missões que se vive em sua época. É pela oração que eles participam dessa aventura, tendo Zélia inclusive se inscrito num grupo de oração pela conversão dos orientais.

Eles tinham o sonho de ter um filho não apenas sacerdote, mas missionário. Deus se agradará em satisfazer esse desejo, à sua maneira habitual, ou seja, inesperada, para além de qualquer esperança, fazendo de sua filha a padroeira das missões.

O TEMPO DAS PROVAÇÕES

A partir de 1866, talvez por causa do princípio de seu câncer, Zélia não pode amamentar seus bebês. Os Martin são obrigados então a deixá-los com uma ama de leite. Encontrar uma mulher capaz de amamentar seus filhos e de cuidar bem deles não será fácil. Os jornais da época relatam histórias de amas de leite indignas, que deixam as crianças morrer por negligência. Nesse sentido, é possível compreender porque Luís e Zélia fazem um esforço tão grande para encontrar a "pérola rara". E acabam por encontrá-la na pessoa de Rosa Taillé, uma boa fazendeira que morava em Sémallé, a oito quilômetros de Alençon. Ela cuidaria dos dois meninos que tiveram o nome de José, de Celina e Teresinha. A distância não é obstáculo para pais como eles, preocupados com a sobrevivência e o bem-estar de seus filhos. Assim, chegam a percorrer com muita frequência dezesseis, às vezes trinta e dois quilômetros, quando um bebê está doente: "Você tem razão em achar que não me demorei para me vestir e eis que estou a caminho da zona rural, enfrentando a noite fria, apesar da neve e do gelo. Não pedi a meu marido para vir comigo, não estava com medo: atravessaria uma floresta sozinha, mas ele não quis me deixar partir sem ele".[1]

---

[1] CF 21.

A separação de seus filhos é de cortar o coração. E podemos imaginar os sentimentos de Zélia no dia em que Teresinha, vindo em visita de Semallé, não parece reconhecê-la e só para de gritar ao voltar para os braços de sua ama de leite. Essas dolorosas separações prefiguram uma outra, ainda mais penosa. Em três anos, os Martin sepultarão cinco dos seus: o pai de Zélia e quatro crianças.

A primeira morte com a qual vão se deparar é a do pequeno José, nascido em setembro de 1866. Esse primeiro garoto faz a alegria de seus pais, e Zélia já se vê a coser sua futura casula de padre em renda de Alençon. Entretanto, apesar dos bons tratos de Rosa Taillé, ele morre cinco meses depois, de enterite. O único documento conservado sobre esse terrível acontecimento é a resposta de Irmã Maria Dositeia ao anúncio do falecimento, que cristãos da grandeza dos Martin puderam ouvir: "Querida irmã, como poderei consolá-la? [...] Deus no-lo deu, ele no-lo tirou; bendito seja seu santo nome! Esta manhã, na Santa Comunhão, tendo rogado a Nosso Senhor para deixar conosco esse pobrezinho, que, de fato, queríamos educar apenas para sua glória e para a salvação das almas, tive a sensação de ouvir interiormente esta resposta: que ele queria as primícias e lhe daria uma outra criança, que seria exatamente como o desejamos".

Parecendo responder a essa intuição, um segundo menino, também chamado José, nasce em dezembro de 1867. Ele também deverá ficar aos cuidados de uma ama de leite e morre em agosto do ano seguinte. Irmã Maria Dositeia escreve ainda: "Certamente foi o dono do pombal que veio buscar seu pombinho, para colocá-lo em seu Paraíso; portanto, aceitemos com todas as forças seus desígnios".

Nenhuma trégua é dada aos pais enlutados, pois, em menos de dez dias, o pai de Zélia falece. Ela, por assim dizer, nunca o deixou, de tão apegada que era ao velhinho turrão e bondoso. Ela escreve então: "Meu coração está dilacerado de dor e, ao mesmo tempo, cheio de celeste consolação".[2] Reação essa sobre a qual o belo texto de Madeleine Delbrêl lança uma luz: "A morte se aprende a cada separação, definitiva, dos que amamos. Pois, mesmo quando a fé e a esperança, juntas, e mesmo nossa caridade por eles, afirmam nossa alegria de saber que chegaram lá, permanecemos com nosso sangue que protesta, com nossa carne, transpassada, ferida, nossa carne da qual parece ter sido arrancado um pedaço enorme, e esse horror da terra, do escuro e do frio, que faz até Jesus chorar".[3] Assim Zélia relata: "Sábado, procurei meu pai por toda parte; parecia-me que haveria de encontrá-lo, não conseguia acreditar que estava separada dele [...]. Ontem, fui ao cemitério; se alguém me visse, teria dito: eis a pessoa mais indiferente do mundo. Fiquei de joelhos aos pés de seu túmulo, não conseguia rezar. A alguns passos dali, ajoelhei-me sobre o túmulo de meus dois anjinhos; mesma indiferença aparente... Percorri um caminho pelo qual havia passado há cinco semanas, com minha caçula e meu pai; não me seria possível dizer-lhe tudo o que senti. Não conseguia prestar atenção a nada do que se passava ao meu redor; olhei os lugares em que meu pai havia se sentado. Fiquei ali em pé, quase sem nenhum pensamento. Nunca em minha vida senti tal aperto no coração. Chegando em casa, não pude comer; parecia-me que outros males quaisquer me encontrariam agora insensível".[4]

Um mês depois, uma nova separação se impõe: Luís e Zélia mandam pela primeira vez as duas filhas maiores ao colégio interno das Irmãs da Visitação. A saúde de Zélia é provada de todas as maneiras: dores de cabeça, de dente, insônias, perda de

---

[2] CF 38.
[3] DELBRÊL, Madeleine. *Alcide*. Paris: Éditions du Seuil, 1968. p. 86.
[4] CF 39.

apetite... Ela passa por momentos de estado depressivo. Parece tão abatida que muitos lhe predizem breve reencontro com seus queridos falecidos. Resposta da mãe cheia de energia: "Não tenho tempo para morrer, tenho ainda muito que fazer!". Com efeito, o sustento da casa não dá tempo a Luís e a Zélia para lamentar-se pelo que lhes ocorreu, o que, de qualquer maneira, não era de seu temperamento.

Dezoito meses depois, a morte vem novamente bater à porta dos Martin, levando, no dia 22 de fevereiro de 1870, sua adorável filhinha Helena, aos cinco anos e meio de idade. Ao longo de alguns meses, ela "foi definhando de abatimento", por fim a falta de ar a tomou completamente. Zélia conta: "Ela olhava para uma garrafa de remédio que o médico lhe prescrevera e queria bebê-la, dizendo que, quando tivesse bebido tudo, ficaria curada. Depois, por volta de quinze para as dez, ela me disse: 'Sim, daqui a pouco estarei curada, sim, daqui a pouco...'. No mesmo instante, enquanto eu a carregava, sua cabecinha caiu sobre meu ombro, seus olhinhos se fecharam, cinco minutos depois ela já não existia mais... Isso me deu uma impressão da qual jamais me esquecerei; não esperava esse brusco desfecho, muito menos meu marido. Quando ele entrou, e viu sua filhinha morta, pôs-se a soluçar, gritando: 'Minha Heleninha! Minha Heleninha!'". Em seguida, juntos a oferecemos ao bom Deus. [...] Antes do enterro, passei a noite perto dessa criaturinha tão querida: ela estava ainda mais linda morta do que viva. Fui eu quem a vestiu e a colocou no caixão; pensei que morreria por isso, mas não queria que outros a tocassem. [...] Por toda a minha vida hei de chorar minha Heleninha!".[5] De fato, é isso que ela fará, tanto quanto Luís, que, em estado terminal de doença, repetirá o verso de Chateaubriand: "Oh! Quem me trará de volta minha

---

[5] CF 52.

Helena?". Ao sofrimento do luto se acrescenta a dor ainda mais atroz do sentimento de culpa: Zélia se recriminará por toda a vida em razão de um simples prato de comida, servido à menina para agradá-la e que ela acredita ter-lhe sido fatal. "A culpa é toda minha", escreve ela.

A cada doença grave de seus bebês, Zélia revive a experiência passada: "Não sabemos o que fazer, nem como agir da melhor maneira; temos medo de não lhe dar o que convém... É uma morte contínua. É preciso passar por isso para saber o que é esse tormento. Não sei se o purgatório é pior do que isso". Uma outra angústia atormenta Zélia: ela se recrimina amargamente por não ter dado a Helena a oportunidade de se confessar antes de morrer: em tais condições, sua filha pôde chegar ao Céu? A ideia de que sua filha possa sofrer no purgatório lhe é insuportável. Em seu tormento, ela acaba por se voltar em direção à estátua da Virgem Maria. A resposta, murmurada por uma voz de infinita doçura, é imediata: "Ela já está junto a mim!".

Sem dúvida essa morte é a mais dolorosa para os Martin, e dessa vez Zélia custa a superar o choque: "Não estou de cama, mas não me sinto bem de maneira nenhuma; estou frequentemente com febre, melhor dizendo, todos os dias. Não estou sofrendo muito, mas tenho tido uma dor de cabeça constante e uma fraqueza por todo o corpo; não tenho mais energia, não consigo trabalhar com vitalidade, falta-me a coragem. Às vezes, parece-me que estou definhando aos poucos, como minha Heleninha. Posso garantir-lhe que a vida pouco me atrai. Desde que perdi essa criança, sinto um desejo ardente de revê-la; no entanto, os que ficam precisam de mim, e por causa deles, rogo ao bom Deus para me deixar ainda alguns anos neste mundo".

Mais uma vez, Zélia se recupera, para o bem dos seus, ainda mais porque está grávida mais uma vez. A primeira Teresinha nasce no dia 16 de agosto de 1870. Zélia não chega a amamentá-

-la, e Rosa Taillé não está disponível: depois de uma busca angustiada, Luís recebe as melhores recomendações de uma ama de leite da cidade. Eles deixam com ela seu bebê, que desde então começa a perecer aos poucos. Os Martin demoram a perceber que essa mulher subnutre a bebê e quando a recuperam, é tarde demais: quando, depois de alguns dias, a pequena Teresa parece se recuperar, ela agoniza em horríveis sofrimentos sobre os joelhos de sua mãe, que fica com o coração partido: "Queria morrer também!", escreve ela a seu irmão. Mais uma vez, Luís e Zélia não terão tempo para se lamentar, pois um mês depois, uma nova provação os espera: a guerra.

Perante tantas cruzes, qual a reação desses pais? Ainda que sua força espiritual diante de tantas perdas seja impressionante, eles não são heróis: "Meu Deus!", confessa Zélia, "Estou farta de sofrer! Não tenho mais ânimo algum!".[6] As angústias de Zélia se intensificam, no medo de perder seus outros filhos: "Já tive muitos tormentos por causa dessa filha (Celina). Sinto que estou perdendo as forças. Tenho a impressão de que não viverei muito tempo. Durante os cinco dias em que fiquei com a menina, tive febre todos os dias; o cansaço não era tão grande quanto o pavor". Celina, por sua vez, apresenta sintomas de enterite e, um pouco maiorzinha, experimenta um período de cansaço que evoca dolorosamente para Luís e Zélia a última doença de Helena.

Sua filosofia de vida é provada por essas tribulações: "Assim, como você pode ver, minha irmã querida, os mais felizes são apenas os menos infelizes: o que há de mais sábio e mais simples a fazer em tudo isso é conformar-se com a vontade de Deus e preparar-se para carregar a cruz do modo mais corajoso

---

[6] CF 41.

possível".[7] Realismo de uma mulher que não se tornou amarga pela experiência, mas voltada para o essencial.

Seu sofrimento não os torna insensíveis à dor alheia, inflamando, ao contrário, sua compaixão. Quando Isidoro e Celina perdem seu pequeno Paulo, Luís e Zélia choram com eles a morte desse garotinho, como se tivesse sido deles: "Luís se sensibilizou muito com sua tristeza, e não deixa de falar disso. Repassamos em nossa memória todos os sofrimentos e inquietações que sua pobre mulher deve ter tido nesses seis meses e lamentamos muito pelo triste desfecho".[8] Com toda a delicadeza e profundidade que lhe é dada pela própria experiência, Zélia em seguida se empenha em consolar a cunhada.

Como é que Luís e Zélia foram capazes de suportar todas essas perdas sem amargura nem sentimento de revolta? A resposta se encontra em sua profunda fé. Ao longo das provações, eles acabam por elaborar uma pequena teologia do sofrimento.

Luís e Zélia, profundamente humildes, sabem qual é seu lugar diante de Deus: não são eles os senhores da vida e da morte. Zélia não hesita em escrever a respeito de seus filhos, chamados por Deus, ou melhor, à presença de Deus: "O bom Deus é o Mestre, de modo que não tinha de pedir-me permissão".[9] As crianças são um dom, não uma obrigação. Essas perdas permitem aos pais crescer ainda mais na humildade: assim, após a morte de seus dois garotinhos de nome José, o casal deixa de pedir a Deus um futuro padre, para aceitar apenas o cumprimento de sua vontade.

É certo que o Senhor "tomou" seus filhos para si, mas os Martin, com uma atitude de abandono heroico, os "deram" ou "ofereceram" a ele. "Dou minha vida para retomá-la. Ninguém

---

[7] CF 51.
[8] CF 71.
[9] CF 65.

a tira de mim, mas eu a dou livremente" (Jo 10,17-18). É com essa mesma liberdade que eles oferecem a Deus o que lhes é mais precioso ainda que a própria vida: a vida de seus filhos. Teresinha verá Maria ao pé da cruz como um sacerdote diante do altar, oferecendo o Sacrifício da Nova Aliança. É assim que Luís e Zélia nos aparecem no momento da agonia e da morte de seus filhinhos: oferecendo-os a Deus no sofrimento, mas repletos de confiança e, paradoxalmente, da alegria da salvação, assim como Maria no calvário.

Nas tribulações, eles reconhecem a mão de Deus, como somente aqueles que lhe confiaram plenamente a própria vida podem fazer. O sofrimento e a morte não são mais absurdos, mas "arrebatamentos de amor".[10] Temos dificuldade para imaginar quanto de fé é necessário para penetrar plenamente os desígnios de Deus. Deus permite que soframos tribulações, sabe extrair delas uma graça e jamais cessa de acompanhar seus filhos. Essa é a teologia do sofrimento dos Martin, que nada mais é do que a teologia do sofrimento da Igreja, por eles profundamente vivida e encarnada. Zélia resume, após uma nova perda: "Apesar de tudo, meu querido amigo, não murmuremos. O bom Deus é o Mestre. Ele pode nos deixar sofrer tudo isso e ainda mais, para o nosso bem, mas seu socorro e sua graça jamais haverão de nos faltar".[11] Todos esses sofrimentos em nada diminuíram a confiança de Zélia em seu Pai querido. Remontando a esse triste período, Zélia acrescenta: "Deus jamais nos dá mais do que podemos suportar [...]. Entretanto, estava esgotada pelos trabalhos e preocupações de toda espécie, sem perder essa firme confiança de ser sustentada lá de cima".[12]

---

[10] CT 94, a Celina, 14 de julho de 1889.
[11] CF 71.
[12] CF 98.

Além da confiança que tinham na bondade e Providência do Pai, a esperança de seus filhos mortos estarem no céu os sustenta: "Esta criança está feliz e isso me consola".[13] Zélia se sente ultrajada ao ouvir certas pessoas "de bem" lhe dizerem que teria sido melhor não ter filhos, para não correr o risco de perdê-los: "Eu nunca achei que os sofrimentos e inquietações poderiam ser postos na balança com a felicidade eterna de meus filhos".[14] Para Luís e Zélia, as lágrimas amargas; mas para seus filhos, a felicidade – esse é o consolo desses pais tão generosos. Com seus "anjinhos", eles fazem a experiência da comunhão dos santos do Céu e da terra. Cinco semanas após a morte do primeiro José, Zélia sente a "inspiração" de pedir a ele por Helena, vítima de uma perigosa infecção de ouvido, perante a qual os médicos se veem impotentes. Na manhã seguinte, o ouvido da criança está completamente curado. Luís e Zélia adquirem então o hábito de pedir a intercessão de seus filhos no Céu, obtendo deles inúmeras graças. Entre os Martin, a morte dos filhos não é um tabu: eles são membros vivos da família, de quem se fala, com quem se fala, de modo a fazê-los participar da vida familiar, esperando a alegria de revê-los no Céu. Assim, Teresinha contará como, durante sua adolescência, se apoiou na ajuda de seus quatro irmãos e irmãs do Céu, que nunca lhe faltou.

Assim, podemos entender como Zélia, apesar da dor do luto, pode falar sem falsidade da "felicidade de ter um filho no Céu".[15] Luís e Zélia não deixam de testemunhar em seu meio social essa bela realidade, com a delicadeza daquele que foi provado, e sem fanatismo: "Como você vê, minha irmã querida, é um grande

---

[13] CF 61.
[14] CF 72.
[15] Ibid.

bem ter um filho no Céu, embora não seja menos doloroso para a natureza perdê-lo; essas são as grandes penas de nossa vida".[16]

Além do mais, como diz Zélia, "sempre há a alegria ao lado da dor".[17] Os Martin não se isolam em seu sofrimento e sabem também aproveitar a alegria que se dão mutuamente e a alegria que lhes dão seus filhos. Assim, o ambiente familiar, apesar das provações, é sempre bem alegre.

Em 16 de julho de 1870, a França, humilhada pelos prussianos, cuja vontade de hegemonia europeia a preocupava, declara guerra à Prússia. Mas o exército francês é pobre, mal preparado, mal comandado e inferior em número ao prussiano. A derrota será inevitável. No dia 2 de setembro, o imperador Napoleão III assina sua rendição em Sedan e perde o trono. A República é proclamada. Para os Martin, numa época em que esse novo regime de governo ainda se identifica com terror sanguinário e anticlerical, a notícia não é boa. O exército prussiano invade progressivamente a França e acaba se aproximando de Alençon. Em 22 de novembro, os habitantes da cidade acreditam que os prussianos estão às portas da cidade e os Martin assistem ao triste espetáculo que será novamente visto setenta anos depois: a metade da cidade parte em êxodo para o oeste. As pessoas escondem seus objetos de valor e lutam em torno deles. Num primeiro momento, Zélia reage com muita calma à perspectiva da invasão: depois de todas as perdas que acabara de sofrer, nada mais a atemoriza. Ela inclusive conta com humor aos familiares de Lisieux certos episódios burlescos: um vizinho escondeu tão bem seus tesouros em seu jardim que precisou cavar a terra a tarde toda para encontrá-los; um camponês, a quem se tenta

---

[16] Ibid.
[17] CF 70.

arrancar à força seu porco, só consegue ficar com o rabo do animal... Quanto a Luís, será necessária toda a afeição que sente por sua família para impedi-lo de partir para a contraofensiva. Para esse filho de militar corajoso e patriota, a renúncia é grande; ainda assim, ele se arrisca, o que poderia custar-lhe a vida, ao ir como sentinela vigiar a aproximação dos inimigos. Quando os prussianos chegam a Le Mans, os Martin temem por Paulina e Maria, que permanecem no colégio das Irmãs da Visitação. Zélia decide então ir buscá-las, chegando a uma região devastada pela guerra: "Só se veem guerra e destruição. Deu-me um aperto no coração!". Pensando na situação de sua família e de seu país, ela acrescenta: "Realmente estamos infelizes, como jamais estivemos antes".[18]

No início de janeiro, os prussianos entram em Alençon. "Não conseguiria descrever-lhe nossa ansiedade",[19] escreve Zélia. Um bombardeio os precede, durante o qual toda a família se refugia no porão. Bombas caem sobre a rua du Pont-Neuf, poupando apenas a residência familiar. A batalha é curta, mas sanguinária. Zélia assiste ao retorno de soldados desfigurados, estropiados e comenta, com seu bom senso habitual: "Quando se tem tão poucos homens a enfrentar o inimigo, é racional enviá-los assim à carnificina, contra um exército como aquele que tivemos diante dos olhos?".[20]

Com efeito, são 25 mil prussianos que adentram a cidade, com um aparelho de guerra formidável, e à visão das bandeiras pretas que trazem nas mãos e do símbolo da morte desenhado em seus capacetes (a caveira), o coração dos Martin treme de horror. Os Martin são obrigados a hospedar nove soldados.

---

[18] CF 63.
[19] CF 64.
[20] Ibid.

Zélia não se atormenta: "Não me incomodo com eles; quando exigem demais, digo-lhes que é impossível". Luís, por sua vez, sente-se aniquilado. Esse ardente filho da França e de seu exército se entristece não somente pela derrota dolorosa de seu país, como também pela desolação que ela provoca: uma parte da região está em ruínas, falta comida, os doentes e feridos são milhares... Luís fica tão arrasado que durante vários dias não consegue comer nem dormir. Zélia o apoia e tranquiliza, e então vem à tona toda a força luminosa dessa mulher a quem tantos infortúnios poderiam ter destruído: ela assume o comando da família ("Todo mundo chora, com exceção de mim"),[21] com a firme confiança daquela que não se apega às coisas do mundo: "Por fim – o que você acha? –, quando essa tormenta tiver passado, teremos de reunir os pedaços do que restar e daremos um jeito de viver com esse pouco".[22]

Os Martin associam a seu patriotismo um senso de humanidade que exclui qualquer ódio nacionalista: percebendo o ar de tristeza de um dos soldados que hospeda em sua casa, Zélia não hesita em lhe dar umas guloseimas e conversa longamente com ele. Luís vai pedir clemência por outro soldado, pego em flagrante ao roubar sua joalheria e que, por esse motivo, pode ser condenado à morte.

Um sinal do Céu reanimará sua confiança no futuro do país. Zélia lê no jornal do dia 17 de janeiro de 1871 a boa notícia que ela corre anunciar a seu marido: "A Virgem Maria apareceu em Pontmain. Estamos salvos!". Dez dias depois, o armistício é assinado e os alemães deixam progressivamente a França. Na rua du Pont-Neuf, a guerra deixa suas marcas: a casa fica num "estado lastimável", dívidas não foram saldadas e o comércio

---

[21] Ibid.
[22] CF 66.

agoniza por um tempo. Ainda que os Martin se recuperem rapidamente, o sofrimento de saber que sua querida cidade de Estrasburgo não foi devolvida à França jamais deixará Luís.

É no dia seguinte a todas essas tribulações que se anuncia a vinda da "maior santa dos tempos modernos", e que será descrita como "uma obra-prima da natureza e da graça"... e de seus pais, poderíamos acrescentar! Desde a primeira menção de sua existência, é com total abandono que Zélia evoca esse novo ser: "Espero que essa criança venha com saúde: a infelicidade não pode estar sempre à mesma porta. De qualquer maneira, que a vontade do bom Deus seja feita!".[23] E, diga-se de passagem, que ela o será!

Durante a gravidez de Teresinha, Zélia tem pesadelos constantes, por medo de perdê-la. Mas, como sempre, esse também é um tempo de especial felicidade para a mãezinha que relata um episódio digno da *Legenda Áurea*: "Quando estava grávida dela, observei uma coisa que jamais me ocorrera com meus outros filhos: sempre que eu cantava, ela cantava comigo... Conto isso somente a você: ninguém acreditaria em mim".[24]

Teresinha vem ao mundo no dia 2 de janeiro de 1873, justificando logo os temores de sua mãe. Traumatizados pela morte injusta da Teresinha anterior, Luís e Zélia tentam manter o bebê perto de si, alimentando-o com os meios que têm em mãos. Mas Teresinha, por sua vez, fica doente. Como única solução que encontra, Zélia corre para Semaillé, em busca de Rosa Taillé. As duas mulheres percorrem o mais rápido possível os oito quilômetros que as separam da rua Saint-Blaise, onde encontram Teresinha nas últimas: "Subi até meu quarto, ajoelhei-me aos pés de São José e lhe pedi como graça que a pequena se curasse, sem

---

[23] CF 79.
[24] CF 85.

deixar de me resignar à vontade de Deus, se ele quisesse levá-la consigo. Não costumo chorar com frequência, mas chorei ao fazer essa oração. Não sabia se já podia descer... Por fim, acabei descendo. E o que vejo? A criança mamando com toda a vontade. Ela só largou o peito por volta de uma hora da tarde; pôs para fora alguns goles e caiu como morta no colo de sua ama. Éramos cinco em volta dela. Todos estavam emocionados; uma das operárias não parava de chorar. Quanto a mim, sentia meu sangue congelar. A criança não exalava nenhum hálito aparente. Ainda que nos inclinássemos para tentar descobrir um sinal de vida, não víamos nada, mas ela estava tão calma, tão tranquila, que eu agradecia ao bom Deus por tê-la feito morrer tão serenamente. Por fim, quinze minutos se passam: minha pequena Teresinha abre os olhos e começa a sorrir".[25] Teresinha está a salvo, mas precisará ficar um ano com Rosa Saillé. A separação é sempre tão cruel para Luís e Zélia... Porém, compensada pelo fato de saber que a criança está com saúde e em boas mãos.

Nesse mesmo ano de 1873, a doença mais uma vez vem bater à porta dos Martin. Dessa vez, Maria é atingida por uma febre tifoide de alto risco. Luís e Zélia ficam transtornados e se revezam em fazer companhia à jovenzinha, que delira de febre. Enquanto sua doença se prolonga, Luís parte em peregrinação para implorar a cura de sua filha mais velha, a quinze quilômetros de Alençon, a pé e em jejum. Zélia, a fim de animar sua filha a apegar-se à vida, lhe explica que conta com ela para cuidar da casa quando já não estiver mais lá. Essa revelação não causa o efeito esperado em Maria, que, aos 13 anos, descobre abruptamente que sua mãe não é imortal. Esse episódio nos revela que Zélia, bem consciente para conhecer a fragilidade da vida, já pensa no futuro de sua família.

---

[25] CF 89.

Maria acaba por restabelecer-se, para grande alívio de seus pais. Zélia passa horas a enumerar-lhe tudo o que ela poderá fazer depois de curada, e Luís fica tão feliz que não consegue lhe recusar nada: assim, uma noite, quando ainda sente dificuldade para ficar em pé, Maria insiste para reunir-se com o restante da família no jantar: "Lutei com todas as forças para impedi-la de fazer isso, mas ela se pôs a chorar e seu pai permitiu!".[26] No entanto, seguindo as recomendações médicas, Zélia proíbe que ela coma outra coisa que não sopa. Podemos imaginar os olhos suplicantes que a moça dirige a seu pai... Sob o olhar benfazejo da esposa, ele brinca: "Seu pai lhe deu dois bocados de queijo, e depois isso ou aquilo...".[27]

Durante as longas semanas da doença de Maria, Zélia também não se esquece de Paulina, que ficara sozinha no colégio interno e pela primeira vez se separara de sua irmã. Velando dia e noite por Maria, Zélia confessa que não tem tempo para comer, embora dê um jeito para trabalhar, cuidar das outras filhas e escrever para sua segunda filha, mantendo-a a par dos acontecimentos familiares. Paulina fica isolada no colégio das Irmãs da Visitação durante um período de suas férias, para não correr o risco de pegar a doença de Maria, e sua mãe faz tudo o que pode para consolá-la. Ela lhe propõe que comece a fazer renda de Alençon, disposta a ensinar o ofício à filha, mas somente se for de seu agrado! E lhe manda todo o material de que ela precisará, assim como uma boa quantidade de chocolate.

Os anos seguintes não trazem provações maiores aos Martin. A recuperação econômica do pós-guerra lhes dá uma prosperidade estável, tanto quanto aos Guérin. Os negócios de Luís e Zélia vão de vento em popa, deixando-os esgotados, e a farmácia de Isidoro se torna bastante lucrativa. Zélia vê com alívio seu irmão

---

[26] CF 101.
[27] Ibid.

sair do marasmo econômico, e com felicidade os compromissos de cristão que ele assume na época: em 1874, cooperando com a fundação das Conferências de São Vicente de Paulo e do Círculo Católico em Lisieux, e tornando-se membro do conselho de sua paróquia. Como irmã amorosa, Zélia o impulsiona para mais longe ainda: "Você vai se tornar um homem valoroso: estou muito feliz por isso, mas quero mais do que tudo que você seja santo".[28] E acrescenta, com a humildade que lhe é característica: "No entanto, antes de desejar a santidade para os outros, eu faria bem em trilhar por mim mesma pelo caminho dela, coisa que não faço; enfim, é preciso esperar, que esse dia virá".[29]

Maria retorna definitivamente do internato no verão de 1875 e passa a ajudar Zélia, que aproveita então para transmitir-lhe seus conhecimentos de dona de casa e de mãe, com pedagogia e amabilidade. Maria, apesar das orientações da mãe, dá mais comida a Teresinha do que o necessário, deixando-a doente; Zélia, que precisa passar a noite velando pela menina, se contenta em dizer à filha mais velha que o evento lhe sirva de lição. Com a impetuosidade de sua juventude, Maria às vezes é muito exigente em relação às irmãs mais novas. Um dia, ela declara imperiosamente a Celina ser preferível não fazer sacrifício algum a fazer apenas os sacrifícios que lhe agradam. Zélia, por sua vez, encontra aí a ocasião de dar-lhe uma pequena lição maternal: "Disse a Maria que ela não tinha razão de desanimar assim sua irmã, que não era possível a uma criança tão nova tornar-se santa de uma hora para outra e que era preciso lhe dar um desconto".[30] Com paciência e providencialmente, podemos dizer, Zélia forma aquela que deverá substituí-la.

---

[28] CF 35.
[29] Ibid.
[30] CF 172.

Por trás da educação que Maria dará a suas irmãs menores em Lisieux, será possível reconhecer a mão firme e doce de Zélia. Por ora, de qualquer maneira, Maria ajuda enormemente sua mãe: Zélia pode trabalhar com tranquilidade, enquanto a moça cuida de Teresinha e Celina. A mãe, sobrecarregada, começa a ver seu fardo tornar-se mais leve e espera por dias melhores quando for a vez de Paulina voltar: "Fico a imaginar castelos da Espanha, a sonhar com felicidade e paz!".[31] Este é o sonho de Zélia: desfrutar a família finalmente reunida. Porém, e estas serão suas últimas palavras escritas: "O bom Deus quer que eu descanse em outro lugar que não neste mundo".[32]

---

[31] CF 143.
[32] CF 217.

A PAIXÃO DE ZÉLIA

Em 1865, aos 34 anos, Zélia se queixa a seu irmão de sentir-se incomodada com um abscesso no seio. Os médicos de hoje teriam facilmente reconhecido um cisto, provavelmente já cancerígeno. Luís fica preocupado. Por um tempo, pensa-se numa cirurgia. Depois, a ideia acaba sendo esquecida. Onze anos depois, no verão de 1876, Zélia volta a sentir dor. Isidoro lhe dá alguns remédios, que se mostram ineficazes, e alguns meses depois Zélia decide procurar um médico. Estamos uma semana antes do Natal. Zélia conta aos Guérin: "Estive no doutor X, que, depois de examinar bem, de apalpar bem, me disse após um momento de silêncio: 'Você sabia que o que você tem aí é de natureza muito grave? É um tumor fibroso. Você recuaria diante de uma operação?'. Respondi: 'Não, embora esteja certa de que essa operação, ao invés de me salvar a vida, apressaria minha morte'. Acrescentei provas a essa afirmação, ao que ele replicou: 'Você sabe tanto quanto eu, e tem toda razão, de modo que não posso aconselhá-la a operar, pois o sucesso da cirurgia é bastante incerto'. Perguntei-lhe se haveria uma chance entre cem: ele me respondeu evasivamente. Mostrei-me satisfeita com sua sinceridade, pois poderei pôr em ordem meus negócios, para não deixar minha família em dificuldade. Ele me fez uma prescrição. Perguntei-lhe: 'Para que serve isso?'. Ele olhou para mim e me respondeu: 'Para nada, é para agradar os doentes'. Não pude me impedir de contar tudo em casa. Agora me arrependo, pois a cena foi de completa desolação... Todo mundo chorava. A pobre Leônia soluçava. Mas eu lhes falei sobre tantas pessoas que ainda puderam viver de dez a quinze anos assim, além de parecer tão pouco preocupada, fazendo meu trabalho com tanta alegria quanto de costume, talvez de modo ainda mais alegre, que pude acalmar um pouco meu pessoal. No entanto, estou bem longe de me iludir, e tenho dificuldade para dormir, quando penso no futuro. Contudo, procuro resignar-me o melhor que posso, embora estivesse longe de esperar por semelhante provação. [...] Meu marido está inconsolável: abandonou o prazer da pesca, guardou as linhas no sótão, não quer mais ir às reuniões, está como que destruído. [...] Não estou sofrendo muito; sinto como uma paralisia em todo o lado, inclusive embaixo do braço, uma dor inflexível no lugar do abscesso, de modo que não consigo mais dormir desse lado. Quero muito que isso não o atormente muito e que se conforme com a vontade de Deus; se ele achasse que ainda sou útil na terra, certamente não permitiria que essa doença me atingisse, pois lhe pedi tanto para não me levar deste mundo, enquanto minhas filhas precisarem de mim. [...] O que mais me consola é pensar que tenho bons parentes, que nos substituirão favoravelmente na adversidade. Há pobres mães bem mais infelizes que eu, que não sabem o que será de seus filhos, que os deixam passando necessidade, sem socorro algum; eu não tenho nada a temer quanto a isso. De fato, não vejo as coisas pelo lado negro, o que é uma grande graça que Deus me dá. [...] Seja como for, aproveitemos o tempo que nos resta e não nos atormentemos; aliás, somente a vontade do bom Deus é o que há de sempre prevalecer".[1]

---

[1] CF 177.

Zélia sabe que está condenada, mas passará a falar de seu "pequeno dodói"[2] para não preocupar a família. Ela conhece a solidão dos enfermos que sabem da proximidade da morte, ao passo que os que lhes são próximos se recusam a aceitá-la. Mas não buscando tanto ser consolada quanto consolar, ela sacrifica seu último Natal em família para ir a Lisieux confortar os Guérin, que ficam arrasados ao receber a notícia: "Depois do jantar, fiz tudo o que estava ao meu alcance para divertir meu irmão e dar-lhe um pouco de coragem",[3] escreve ela a seu marido, acrescentando para reconfortá-lo: "O doutor Notta dá a impressão de dizer que posso viver bastante tempo assim. Portanto, coloquemo-nos nas mãos do bom Deus, que sabe melhor do que nós o que nos é necessário: 'É ele quem faz a ferida e a pensa'. Vou a Lourdes, na primeira peregrinação, e espero que a Virgem Santa me cure, se necessário. Enquanto isso, tranquilizemo-nos. Já me alegro muito por rever a todos; como o tempo me parece longo! Gostaria muito de voltar ainda hoje! Só fico contente com você, meu querido Luís".[4]

Toda a sua caridade, delicada e maternal, se desdobra por ocasião de sua doença terminal: perto dos outros, ela silencia seus sofrimentos e preocupações. E chegará a esconder seu estado a sua irmã, também doente, assim como a Paulina, para impedi-la de interromper os estudos no colégio das Irmãs da Visitação. Contudo, sabemos o quanto ela gostaria de ter a filha por perto. Ao falar ou escrever, ela tem a intenção de provar seu amor, reconfortar, encorajar. Luís a apoia tanto quanto pode, mas durante seus últimos meses de vida é, sobretudo, no Senhor que Zélia vai se apoiar.

---

[2] CF 178.
[3] CF 179.
[4] Ibid.

Ela havia escrito, algumas semanas antes de se saber doente, considerando-se menos forte do que uma outra diante da provação: "[Minha irmã] pensa que desejo grandes sofrimentos, porque lhe disse que preferiria, se pudesse escolher, morrer de uma doença lenta [porque, de fato, Zélia teme mais do que tudo morrer sem ter tido a chance de se preparar para a morte]. Mas os grandes sofrimentos, não, não sou virtuosa o bastante para desejá-los: eles me apavoram!".[5] E ainda: "Não é a vontade de viver que me falta".[6] Com efeito, ela sempre se abandonou à vontade de Deus, oferecendo-lhe seus sofrimentos, e irá até o fim nessa doação. A família inteira e todos os que lhe são próximos se põem a orar para obter o milagre de sua cura. Zélia brinca com amabilidade: "Se eu estivesse no lugar de Maria, cederia logo a tantas orações, para me ver livre de todas essas pessoas".[7] Isidoro a enche de remédios e conselhos médicos, alguns mais outros menos felizes; Luís a leva a fazer peregrinações. Zélia, por sua vez, pensa no futuro de suas filhas em sua ausência e prepara calmamente os seus para o inevitável: "Com efeito, conto apenas com o socorro da boa Mãe! De fato, se ela quiser, pode me curar, tendo curado a tantos bem mais doentes. No entanto, não estou convencida de que ela me curará, pois, enfim, essa pode muito bem não ser a vontade de Deus".[8]

Zélia pressente a proximidade de sua morte. Com razão ela poderia se revoltar, ela que então exclama: "É preciso que eu veja desmoronar o sonho de toda a minha vida, no momento em que ele estava para se tornar realidade?".[9] Com efeito, Paulina se apressa para concluir os estudos em Le Mans e toda a família

---

[5] CF 173.
[6] CF 186.
[7] CF 187.
[8] CF 181.
[9] CF 212.

estaria finalmente reunida. Porém, completamente entregue a Deus, ela saboreia uma profunda paz: "Enfim, o bom Deus me dá a graça de não me apavorar; estou muito tranquila, encontrando--me praticamente feliz. Não trocaria minha sorte por nenhuma outra. Se o bom Deus quiser me curar, ficarei muito feliz, pois no fundo desejo viver; custa-me deixar meu marido e minhas filhas. Por outro lado, digo a mim mesma: 'Se eu não ficar curada, é porque talvez lhes seja mais útil que eu me vá'. Enquanto isso, farei tudo o que estiver ao meu alcance para obter um milagre; conto com essa peregrinação a Lourdes; porém, se eu não me curar, ainda assim tratarei de cantar no caminho de volta".[10]

Poderíamos ficar espantados por ela não se preocupar mais com o futuro de sua família. É que essa mulher, profundamente crente, faz suas as palavras de Jesus ao deixar os apóstolos para enviar-lhes o Paráclito: "É melhor para eles que eu me vá..."; ela crê, do fundo do coração, que Deus tomará conta dos seus melhor do que ela própria seria capaz de fazer.

Sua fé se apoia igualmente no conhecimento do coração de suas filhas: as mais velhas estão praticamente adultas, sendo já capazes de educar as mais novas, que ela vê com prazer crescendo no bem e na retidão. Ignorando a que ponto vai seu dom de profetizar, escreve a respeito de Teresinha: "Eu lhe garanto que esta daqui saberá se virar bem".[11] Em relação a Leônia, que continua a ser-lhe rebelde, Zélia não acha que poderá lhe ser mais útil. Na verdade, ela entende que pode contar com seu marido para tomar conta de todo esse pessoal.

Para não preocupá-los, Zélia se comporta para com todos como se nada estivesse acontecendo, de modo que consegue praticamente manter a vida familiar exatamente como era antes de sua doença. Pois a vida continua, com as pequenas enfermidades

---

[10] CF 189.
[11] CF 211.

das crianças, as encomendas de renda de Alençon a entregar, um retiro paroquial... Um pouco cansada da agitação de seu irmão, que ainda queria convencê-la da operação, pedindo-lhe para voltar ao médico, ou mesmo fazer uma consulta em Paris, Zélia acaba escrevendo: "Olha, se você quiser, não falemos mais sobre a minha doença; esse assunto já está ficando cansativo. Vamos deixá-lo de lado, e falemos de coisas mais alegres".[12] E esse se torna seu mandamento: as cartas desse início de 1877 são ainda mais animadas do que as anteriores. Nessa época ela conta como Leônia, por distração, preparou uma sopa... de pano de prato! Ou como descobriu que Teresinha, grande adepta do terço de práticas,[13] acrescenta como pérola a essa coroa uma bobagem dita a Celina; sua mãe a faz observar que, nesse caso, seria melhor retirar uma... ao que a pequena responde, como que por acaso: "Oh, bem, não consigo encontrar meu terço!".

Mas o principal assunto presente em suas correspondências é Irmã Maria Dositeia, que, depois de anos de enfermidade, morre na Visitação. Para Zélia, tal provação não é pequena, pois sua irmã, de quem ela é tão próxima, é um pilar em sua vida. A religiosa, por sua vez, apesar dos sofrimentos, fica radiante de alegria com a proximidade da morte, para a qual se prepara como a mais bela das festas. Como Teresa d'Ávila, ela poderia ter exclamado: "Quero ver Deus!". Ninguém duvida de que seu exemplo marca profundamente Zélia, que se apressa em seguir um caminho semelhante. "Jamais vi algo tão edificante",[14] escreve ela depois de ver sua irmã pela última vez, respirando paz e alegria. Irmã Maria Dositeia se apaga lentamente, e no dia 24

---

[12] CF 186.
[13] Essas "práticas" consistem em atos de virtude ou renúncia; são contadas num terço de contas móveis (ver *Oeuvres complètes*, p. 1318, nota sobre CT 144).
[14] CF 167.

de fevereiro, Zélia recebe uma correspondência das Irmãs da Visitação, que não tem coragem de abrir. Com delicadeza, Luís pega a carta e a lê para sua mulher: "Foi nesta manhã, às sete horas, que nossa querida Irmã Maria Dositeia encerrou sua vida, por uma morte invejável. Há dois dias, um abatimento notável nos fez entender que o desfecho se aproximava; a falta de ar e uma espécie de angústia contínua causaram maior sofrimento a nossa querida Irmã, que nada perdeu de sua paz, de sua resignação perfeita, desejando cada vez mais ir ao encontro de Nosso Senhor. [...] Podemos dizer, querida senhora, que vocês e nós temos uma santa protetora no Céu [...], pois seria difícil concluir com maior santidade uma vida tão virtuosa. [...] Oh! Com certeza ela há de orar por suas duas queridas famílias, que amava com tanta ternura!".[15]

Irmã Maria Dositeia morre, como se costuma dizer, em odor de santidade. No convento e na cidade, todos dizem: "A santa morreu" e muitos vêm se recolher em oração junto ao seu caixão, exposto no coro antes do enterro. "No momento em que a levavam ao cemitério, não havia impressão alguma de tristeza; pelo contrário, parecia que se tratava de uma vitória; as religiosas disseram que jamais haviam presenciado algo semelhante".[16] "Perderei tudo ao perdê-la", escrevera Zélia muitos anos antes. Todavia, se para Zélia a separação é sem dúvida nenhuma terrivelmente dolorosa, sente-se aliviada por saber que sua irmã já não sofre mais e que, principalmente, atingiu seu objetivo: "Tudo isso é muito triste, mas teremos sempre o consolo de saber que ela se encontra no Céu, o que para mim é o essencial".[17]

Aliás, ela lhe confiara, antes de sua morte, algumas "tarefas" para o céu; aí descobrimos que ela se dirigia tanto às criaturas

---

[15] Apud CF 190.
[16] CF 197.
[17] CF 176.

celestes como aos que lhe eram próximos, com a mesma familiaridade cheia de humor: "Logo que você estiver no paraíso, vá ao encontro da Virgem Maria e lhe diga: 'Minha boa Mãe, a senhora pregou uma peça em minha irmã ao lhe dar essa pobre Leônia; não era uma criança daquele jeito que eu tinha lhe pedido; é preciso que a senhora dê um jeito nisso'. Em seguida, você irá atrás da bem-aventurada Margarida Maria e lhe dirá: 'Por que você a curou milagrosamente? Teria sido melhor deixá-la morrer. É seu dever de consciência reparar esse mal'. [Irmã Maria Dositeia] me repreendeu por falar assim, mas eu não tinha má intenção – Deus sabe bem disso".[18] Pois Leônia, que nessa época está com 13 anos e inicia uma adolescência difícil, continua a ser a grande preocupação de Zélia: "É o seu futuro o que mais me preocupa. A pobre criança está coberta de defeitos, como se fosse um casaco. É difícil saber como conquistá-la. Mas o bom Deus é tão misericordioso que sempre mantive a esperança e continuo a mantê-la".[19]

Um pequeno fato ilumina essa esperança. Antes da morte de sua tia, Leônia tem a firme vontade de lhe escrever uma carta, cujo conteúdo deixa sua mãe incrédula e maravilhada: "Minha querida tia, guardo sempre como uma relíquia a imagem que a senhora me deu. Olho para ela todos os dias, como a senhora me disse, para me tornar obediente. Maria a emoldurou para mim. Minha tia querida, quando a senhora estiver no Céu, peça a Deus para me dar a graça de me converter, e também para me dar a vocação de me tornar uma verdadeira religiosa, pois penso nisso todos os dias [...]". Zélia comenta: "O que você acha disso? Fiquei muito surpresa. Onde será que ela vai procurar essas ideias? Certamente não sou eu quem as põe em

---

[18] CF 182.
[19] CF 184.

sua cabeça; inclusive, tenho absoluta certeza de que Leônia só entrará numa comunidade por um milagre".[20] E quando a família, espantada lhe pergunta por que ela insiste em escrever "uma verdadeira religiosa", ela responde: "Isso significa que quero ser uma religiosa completamente boa e, por fim, uma santa". Eis, portanto, todas as tarefas confiadas a Irmã Maria Dositeia, que vai cumpri-las sem demora.

Com efeito, no início de março de 1877, Maria passa perto da cozinha e ouve com espanto a empregada, Luísa Marais, que trabalha há onze anos para a família, ameaçar violentamente Leônia. Os Martin descobrem então, horrorizados, que Leônia há tempos é vítima de maus-tratos na própria casa. Correndo o risco de apanhar, a pobrezinha tinha de fazer o trabalho da empregada, obedecer-lhe em tudo – e somente a ela. Certamente a ameaça de uma correção vagava pela mente de Leônia, se por acaso ela ousasse se queixar, e Luísa lançou mão de todos os subterfúgios possíveis para ocultar a tirania que exercia sobre a criança. Aliás, Zélia reconhece que simplesmente teria sido incapaz de adivinhar o que estava acontecendo: "Eu jamais pensaria que alguém pudesse ir tão longe e fazer com frieza as coisas que ela fez".[21] Portanto, podemos entender melhor as dificuldades de Leônia: ao inferno que ela vivia com a empregada, podia se acrescentar o rancor, mais ou menos inconsciente, contra seus pais, que não viam nada, por isso não a defendiam. Assim, ao ver seus pais voarem em seu socorro, e com energia, pois a ira contra Luísa é proporcional à indignação que vem à tona, ela muda completamente de atitude em relação a eles, e particularmente em relação a sua mãe. Depois de restabelecida a confiança entre elas, Leônia não desgruda mais de Zélia, faz tudo o que pode

---
[20] Ibid.
[21] CF 195.

para agradá-la, torna-se alegre e obediente e, numa palavra, se expande. A mãe fica emocionada e se dedica de modo integral a essa criança, por quem tanto implorou. E isso, mais uma vez, para educá-la para o Céu: "Ela me ama tanto quanto é possível amar", constata com emoção, "e com esse amor, o amor de Deus penetra pouco a pouco em seu coração".[22]

Para Zélia, tudo isso é fruto da oração de sua irmã no Céu. Mas há urgência: ela teme que sua doença a separe muito cedo de Leônia. Em relação a isso, Zélia vive então uma grande mudança: ela, que aceitava em paz a ideia de morrer, convencida de não ser indispensável a suas filhas, é arrebatada por um poderoso desejo de viver, não para ela, mas para Leônia e para ajudá-la. Ela teme que o novo equilíbrio de sua filha seja destruído por sua morte, e quer suprir a sede de amor materno com a qual Leônia finalmente se depara. Zélia se põe então a orar de todo o coração pela própria cura. Consciente de seu estado e sem nada esperar da medicina, ela deposita toda a esperança num milagre. E a esperança de Zélia não é pequena: "Quanto mais doente eu estiver, mais esperança terei",[23] escreve ela a sua cunhada, acrescentando com fé: "Não morrerei tão cedo".[24]

Quanto à empregada, Luís e Zélia vão tratá-la com uma justiça inspirada. Num primeiro momento, chocados, eles imediatamente a põem no olho da rua, de nada adiantando Luísa espernear e chorar: Zélia não suporta mais tê-la diante dos olhos. Entretanto, eles logo se perguntam se agiram bem. Perdoar não seria lançar sobre a pessoa um olhar de justiça e misericórdia, oferecendo-lhe uma segunda chance? Ora, é preciso fazer justiça a Luísa: durante anos totalmente dedicada aos Martin, ela tem verdadeira veneração por Zélia e acreditava que realmente a estava ajudando,

---

[22] CF 200.
[23] CF 193.
[24] Ibid.

por mais inacreditável que isso possa parecer, matando o caráter difícil de Leônia. Assim, apesar da raiva que sentem, Luís e Zélia voltam a contratá-la e decidem pedir conselho a outrem para agir da melhor maneira possível. Zélia vai visitar suas queridas clarissas e consulta uma boa irmã, que tem reputação de santidade. Esta lhe recomenda esperar, para não precipitar-se. Um acordo então é firmado: Luísa pode ficar a serviço da família até a morte de Zélia, sendo proibida de falar com Leônia. Depois ela terá de ir embora, para que não haja nenhum risco de voltar a exercer qualquer domínio sobre a jovem. Todavia, é difícil para Zélia ter de olhar para aquela cujas atitudes não se pode deixar de lembrar. Com prudência, ela vela por Leônia.

Luísa cuidará de sua patroa, em seu estado terminal de doença, com uma dedicação extraordinária, e por fim encontrará outro trabalho, testemunhando até o fim de sua vida sobre a bondade dos Martin.

Ao longo das semanas, Zélia começa a sentir a doença fazer seu trabalho de morte. A partir de fevereiro de 1877, gangliomas, que hoje poderíamos chamar de metástases, começam a invadir seu pescoço. Ela intensifica sua oração e decide, com Luís, dar um fim ao comércio de renda de Alençon, alimentando a esperança de poder viver exclusivamente por sua família e, em particular, dedicar a Leônia todo o tempo de que ela precisa. A honestidade do casal Martin se manifesta ainda na ocasião da venda de seu fundo de comércio: "O caso da renda de Alençon não está encerrado [...]. Mais do que necessário, pedi ao Sagrado Coração que, se for um mau negócio para as pessoas que querem comprar, isso não aconteça. Se nós quiséssemos, a venda teria sido feita, mas achei melhor abrir os olhos dessas pessoas sobre certas dificuldades, pois elas estavam vendo tudo azul e isso não me agradava".[25] A

---

[25] CF 183.

Providência responde a tanta retidão, pois, durante essa espera, Luis e Zélia descobrem que estavam fazendo negócio com pessoas desonestas! E como, nesse início de ano, as encomendas caem por si mesmas, dando a Zélia mais uma vez a impressão de que seu comércio estava no fim, eles deixam de lado a ideia de vendê-lo de imediato. Desse modo, Zélia deverá trabalhar até sua morte, ainda que seja num ritmo menos cansativo do que antes.

Algumas semanas depois, Zélia ouve falar de uma peregrinação a Lourdes: está decidido que ela partirá com Maria, Paulina e Leônia, de 18 e 22 de junho, numa romaria organizada pela diocese de Angers. O objetivo da viagem está claramente definido: alcançar da Virgem Santa um milagre para Zélia.

É interessante observar a maneira, rica em ensinamentos, como se pede um milagre na família Martin. Para começar, ninguém merece um milagre. Em primeiro lugar, Zélia se sente um tanto incomodada por pedir a Deus uma violação às leis da natureza para ela, mas "o que é certo é que ele frequentemente o faz por pura bondade e misericórdia".[26] Seu irmão lhe diz que Deus fará esse milagre unicamente para sua glória, o que lhe vale uma resposta que mostra a que altura Zélia chegou: "Devo dizer que tudo se orienta para a glória de Deus", embora ela não pense apenas em si; "ele faria perfeitamente um milagre para mim, mesmo que ninguém no mundo o soubesse".[27] Ápice da santidade, onde ela reconhece o amor louco do Pai por seus filhos, ápice cujo caminho sua filha Teresinha nos mostrará.

Em seguida, a comunhão dos santos é mobilizada com fé para solicitar um milagre; novenas, missas, orações da família toda, em especial das filhas, dos mosteiros amigos... Zélia se

---
[26] CF 202.
[27] CF 205.

sente tocada por isso e invoca também a Igreja do Céu: "Não, o Céu nunca viu e nunca verá orações mais fervorosas, nem fé mais viva. E depois, tenho minha irmã no Céu e ela se interessa por mim; tenho também meus quatro anjinhos, que rezarão por mim; todos eles estarão em Lourdes conosco".[28]

De qualquer maneira, sempre e onde quer que seja, a vontade de Deus é o mais importante. Zélia não tem a pretensão de saber melhor do que ele o que é bom e adverte suas filhas quanto a isso, antes de partirem para Lourdes: "Precisamos nos colocar na disposição de aceitar generosamente a vontade do bom Deus, qualquer que seja, pois ela será sempre o que pode haver de melhor para nós".[29]

No fim das contas, Zélia é incapaz de se preocupar apenas consigo: o que ela pedirá em Lourdes com certeza é sua cura, mas também a de Paulina, que sofre com preocupantes enxaquecas, e principalmente a do coração de Leônia: "Suplicarei à Santa Virgem para curar minha criança, abrir sua inteligência e fazer dela uma santa". Desde o início, Zélia tem consciência de não estar fazendo essa peregrinação somente para ela, e essa certeza crescerá ao longo do percurso.

Eis, portanto, a aula de intercessão que nos dá a família Martin: uma súplica humilde e confiante, generosa e absolutamente entregue – no que diz respeito à resposta. Resposta que não será a cura de Zélia, mas sim, como veremos, proporcional à confiança dos suplicantes. Zélia, Leônia, Maria e Paulina embarcam então para Lourdes, cheias de fé. Zélia continua a não gostar muito de viajar, porém, de acordo com uma bonita expressão sua, trata-se, dessa vez, de "correr atrás da vida".[30] Contudo, é para a Vida que o Senhor a chama. Podemos reparar na vida

---

[28] Ibid.
[29] CF 204.
[30] CF 207.

dos amigos íntimos de Deus que sua morte e os momentos que a antecedem são amiúde um caminho de calvário. Configurados ao Cristo, eles parecem precisar ultrapassar os limites humanos para exprimir um ato de fé heroico, à medida do qual será sua bem-aventurança. Assim foi com os mártires, assim com Teresinha, assim com seus pais.

A última etapa da vida de Zélia começa pela peregrinação a Lourdes, extremamente difícil: as crianças estão doentes ("Apesar das carinhosas oposições de minhas filhas, para me obrigar a me cuidar, era eu, de fato, que cuidava delas").[31] Zélia não consegue dormir no trem, pois suas vizinhas de vagão sem querer derrubam café sobre as bagagens das meninas; elas ficam hospedadas num hotel do qual, esgotadas, precisarão sair; Zélia e Paulina perdem seus terços, que eram lembranças da tia religiosa, e chegam inclusive a presenciar o enterro de um peregrino, que morreu "por ter bebido muita água de Lourdes"! Zélia não faz uma boa experiência da imersão nas piscinas de água milagrosa: "Eu olhava com terror aquela água congelante e aquele mármore frio como a morte. Mas era preciso enfrentá-la, e entrei nela com coragem. Sim, mas... quase fiquei sufocada, sendo obrigada a sair dali praticamente logo em seguida".[32] Os recipientes com água de Lourdes vão desaparecendo uns depois dos outros, sendo que Zélia cai ao transportar um; além disso, ela não consegue ver o padre a quem queria encontrar e perde o trem de volta... Apesar de tudo, ela não fica curada.

Ao contrário, o cansaço e as peripécias da viagem agravam a doença. As meninas ficam desesperadas e Luís passa uma semana terrível, "esperando a todo minuto a extraordinária mensagem

---

[31] CF 209.
[32] Ibid.

anunciando o milagre, e cada toque de campainha lhe dava uma emoção".[33] Na chegada, será preciso enfrentar o sorriso malévolo dos vizinhos incrédulos, que zombavam da atitude dos Martin. Enfim, havia razões para desanimar toda a família. E sabemos que dura ferida na confiança em Deus pode representar um milagre tão desejado que não se realiza. Mas vejamos a reação de Zélia: "Diga-me se é possível viagem mais infeliz. É evidente que há grandes graças escondidas por trás de tudo isso, e que me recompensarão por minhas misérias. Com fé coloquei água benta de Lourdes sobre a fronte de Leônia". A associação das duas ideias é reveladora: vendo que essa viagem não surte o efeito que todos esperavam, Zélia orienta de outro modo sua oração, oferecendo tudo por Leônia. A seu ato de fé diante da derrota aparente, Zélia acrescenta uma caridade heroica; não tendo mais forças para isto, é Zélia quem sustenta toda a família: "[Luís] ficou bastante surpreso ao me ver voltar com tanta alegria, como se tivesse obtido a graça desejada, o que lhe deu coragem e devolveu o bom humor à família"[34] – vendo-a ainda tranquilizar seus entes queridos por todos os meios, exortando cada membro da família à coragem e confiança, opondo a suas inquietações uma paz luminosa.

Essa paz é sem dúvida alguma o primeiro fruto dessa romaria a Lourdes. Pois indiscutivelmente as fervorosas orações de todos não foram em vão e, com o passar do tempo, podemos perceber os sinais da resposta de Deus, ainda que ela guarde o carimbo do "enigma do Rei" (Dn 2,23). Outro fruto de Lourdes é que Zélia parece ter entendido que a Virgem Maria poderia substituí-la da melhor maneira possível na educação de suas filhas. Logo depois de chegar, ela escreve a Paulina, para acalmá-la: "Ore

---
[33] Ibid.
[34] Ibid.

com fé à Mãe das misericórdias: ela virá em nosso socorro, com a bondade e a doçura da Mãe mais carinhosa".[35]

Todas as filhas dos Martin experimentarão profundamente a maternidade de Maria. O exemplo mais evidente será dado no dia em que ela sorri a Teresinha, libertando-a de uma grave enfermidade e da dor da perda de sua mãe. E Nossa Senhora cuidará de tudo, especialmente de Zélia, em seus últimos dias de vida; Zélia testemunhará: "Ainda bem que a Virgem Santa me ajudou; caso contrário, não sei o que seria de mim".[36] Leônia será o último fruto bastante visível dessa peregrinação, mas especialmente das orações e oferendas de Zélia. Leônia é, de certo modo, a obra-prima de Zélia. Ela se tornará uma santa religiosa e será, depois de Teresinha, a mais venerada e a mais poderosa das filhas dos Martin, tocando os corações em suas próprias dificuldades. A morte de sua mãe não a isolará em suas trevas. Todos hão de convir que ela deve suas graças à confiança de Zélia, que, indo além da sabedoria humana, confia sua filha a Deus, contando com ele para ter junto dela uma influência melhor do que poderia ter tido seu coração de mãe, se ela tivesse sobrevivido.

Alguns dias após sua viagem a Lourdes, Zélia ainda aspira por um milagre. Contudo, diante do agravamento da doença, ela se convence de que vai morrer e de que é hora de se preparar para o grande encontro, o qual ela desejou a vida toda.

Início de julho de 1877: as primeiras crises começam. Suas últimas cartas nos deixam um testemunho terrível sobre seu sofrimento. Naquela época, não havia meios para diminuir as dores insuportáveis. Na noite de 7 de julho, tendo ficado sozinha, pois Luís saiu para sua adoração noturna, Zélia é tomada por uma dor monstruosa no pescoço, que lhe dá a sensação

---

[35] CF 210.
[36] CF 212.

de que sua cabeça vai se separar do corpo. Isso não a impede de levantar-se pela manhã para ir à missa, onde ela precisa se controlar para não gritar de dor. Falta de prudência – dirão os sábios. E por que não escolha das prioridades? Na iminência da morte, entre o alívio momentâneo da dor e a Eucaristia, a escolha de Zélia é logo feita. Enquanto ainda puder se mover, até o fim do mês de agosto, ela continuará a ir à missa, ao preço de sofrimentos inigualáveis, com a ajuda de Luís ou de Maria. Esta nos conta: "Sexta-feira, ela foi à missa das sete horas, porque era a primeira sexta-feira do mês. Papai a levou, pois, sem ele, ela não conseguiria ir. Ela nos disse que, chegando à missa, se não tivesse ninguém para empurrar as portas da igreja, não teria conseguido entrar".

A dor também não a isola em si mesma: nesse mesmo mês de julho, ela faz uma novena por uma de suas operárias, que se encontra doente, continua a enviar cartas engraçadas e tranquilizadoras, impede-se de chamar ou de gritar durante a noite, para não acordar ninguém, preserva uma boa atmosfera em casa. Mas a doença se agrava rapidamente: "Não posso mais me vestir, nem me despir sozinha", escreve ela no dia 15. "O braço do lado do tumor se recusa a qualquer serviço, mas a mão, por sua vez, ainda quer segurar uma agulha! Além disso, sinto um mal-estar generalizado, dores nos intestinos e uma febre que persiste há quinze dias; enfim, não posso ficar em pé, preciso estar sentada. [...] Quase não tenho crises durante o dia, a não ser à noite, quando meus nervos se enrijecem, o que me obriga a fazer esforços sem precedentes para mudar de posição. Entretanto, tive de aprender minha profissão e começo a saber como agir corretamente para me levantar levemente, pelo que acabo evitando as crises".[37]

---

[37] CF 213.

Todos esses sofrimentos, ela os oferece pelos seus e se prepara para o Céu, como escreve com humor a Paulina: "Você me disse que gostaria de sofrer no meu lugar. Isso me deixaria bastante incomodada: você não quer que eu ganhe o Céu, querendo tudo para você? Não se preocupe, minha querida Paulina! E eu ainda possivelmente terei uns cem anos de purgatório a cumprir! Você também quer cumpri-los no meu lugar? Se você quer se pôr no meu lugar, é melhor aceitar tudo!".[38] A partir de então, a única coisa que ela pede aos que a rodeiam é que orem para que ela se abandone totalmente à vontade de Deus, de modo a aceitar com paz e paciência a dor.

Sabendo da piora de seu estado, Isidoro vem visitá-la no início de agosto. Outrora, Zélia lhe pedira para dizer-lhe se, com seus conhecimentos de farmacêutico, ele previsse para ela uma morte próxima. De modo brutal, diante de Luís consternado, ele anuncia a sua irmã que lhe resta menos de um mês de vida. Zélia não se abala e responde que não tem medo de morrer. Ficando sozinha com ele, ela acrescenta: "Que será desse pobre Luís, com suas cinco filhas? Enfim, eu os entrego ao bom Deus". Isidoro lhe sugere então que convença seu marido a mudar-se para Lisieux depois de sua morte, a fim de que os Guérin possam ajudá-lo. Zélia, bastante comovida com tal proposta, sente claramente que essa seria a melhor solução. Ela toca nesse assunto com Luís, mas o respeita muito para forçá-lo a contragosto, o que, entretanto, não teria sido difícil no estado em que ela se encontra.

No mês de agosto, a dor irá crescendo, até tornar-se insuportável. Uma última trégua é concedida a Zélia no dia 9 de agosto e ela a aproveita para participar da pequena festa que suas filhas prepararam para ela: a entrega dos prêmios da "Visitação Santa Maria de Alençon", nome dado por Maria às aulas particulares

---

[38] CF 214.

que ela oferece a Celina e Teresinha. Luís e Zélia presidem a cerimônia com grande seriedade, no quarto de Maria, totalmente decorado para a ocasião, entregando às pequenas vencedoras prêmios e coroas; Maria faz até um discurso.

Nas semanas que se seguem, Zélia chora por não poder dar a suas filhas nenhuma distração, e convence Luís a organizar-lhes um passeio de barco que, como podemos imaginar, não foi dos melhores. O sofrimento agora a toma por inteiro: "Meu querido irmão, ontem eu o chamei aos berros, achando que só você poderia aliviar minha dor. Sofri durante vinte e quatro horas, como jamais havia sofrido em toda a minha vida, de modo que passei essas horas a gemer e a gritar. [...] eu estava numa posição terrível, pelo que não conseguia encostar a cabeça em nenhum lugar. Todas as tentativas foram em vão: minha pobre cabeça não podia tocar em nada e eu não podia fazer o menor movimento, mesmo para engolir um líquido. O pescoço estava tomado de todos os lados e o movimento mais leve me colocava em dores terríveis. Por fim, consegui ficar na cama, com a condição de permanecer como que sentada. Quando o sono queria vir, o movimento imperceptível que eu fazia certamente despertava todos os sofrimentos. Precisei gemer a noite inteira; Luís, Maria e a empregada ficaram perto de mim. Esse pobre Luís, de vez em quando, me tomava em seus braços como uma criança".[39]

Em meio aos sofrimentos, Zélia se volta para o Céu. Maria a ouve gemer, durante suas insônias: "Ó Vós que me criastes, tende piedade de mim!". E outra vez, a encontra de joelhos, lívida, recitando o terço diante da imagem de Nossa Senhora. Como aconteceu com Jesus e com muitos de seus santos, Zélia algumas vezes se sente abandonada pelo Céu: "Eu implorava a todos os santos do Céu, uns depois dos outros: ninguém me

---

[39] CF 216.

respondia".[40] Isso não a impede de permanecer numa profunda serenidade, que causa a admiração de todos, dentre os quais seu confessor, "muito menos calmo que a patroa", de acordo com Luísa. Ela repete com frequência a frase de São Francisco de Sales: "Um grama de virtude praticada na tribulação vale mais do que mil num tempo de tranquilidade e alegria" – e a põe em prática. Entre duas crises de sofrimento intenso, ela chama para perto de si duas filhas, para lhes dar suas últimas recomendações, convidando-as à santidade e confiando as pequenas às maiores. Mas acima de tudo, ela volta a lhes dizer o quanto as ama. Luís não se distancia de seu leito de morte, com o coração despedaçado por ver a esposa naquele estado.

No dia 25 de agosto, uma hemorragia dissipa as últimas forças de Zélia. No dia 26, Luís buscará um padre para lhe dar os últimos sacramentos, que ela recebe cercada por toda a família em oração; Luís não consegue segurar o choro.

A partir desse momento, Zélia sofre menos, porém, continuando consciente, não consegue mais mover-se nem exprimir-se. Entretanto, seus olhos ainda falam. Ao chegarem Isidoro e sua mulher, no dia 27, Zélia olha longamente para Celina Guérin, a sorrir para ela. Esta escreverá posteriormente às meninas Martin: "Eu podia entender esse olhar, que nada será capaz de me fazer esquecer e que ficou gravado em meu coração. A partir desse dia, tentei substituir aquela que Deus havia tirado de vocês". Teresinha escreverá a respeito do olhar de sua mãe:

> *De mamãe, eu gostava do sorriso;*
> *seu olhar profundo parecia dizer:*
> *"A eternidade me encanta e me seduz...*
> *Vou para o Céu azul*
> *ver Deus!"*[41]

---

[40] Ibid.
[41] PN 18, estrofe 8.

É na noite de 27 para 28 de agosto, à meia-noite e meia, que Zélia expira de mansinho, na presença de Luís e Isidoro. Suas últimas palavras haviam sido: "Se a Virgem Santa não me curar, é porque minha hora terá chegado e o bom Deus quer que eu descanse em outro lugar que não este mundo...".[42] Depois de uma vida de labuta, alegrias e sofrimentos, aquela que foi toda devotada a Deus e a sua família alcança o porto, encontrando seus quatro anjinhos, por quem tanto chorou.

Ao saber de sua morte, seu confessor comenta: "Há uma santa a mais no Céu". Os que lhe eram mais próximos se reúnem em volta de seus despojos: "Ela parecia dormir", escreve Padre Piat. "Embora quase tivesse chegado ao fim de seus 46 anos, diríamos que ela foi ceifada muito mais cedo. O rosto, afilado e como que esculpido pelo sofrimento, adquiriu, no momento da morte, uma expressão extraordinária de majestade e juventude. Uma atmosfera impressionante de recolhimento e tranquilidade sobrenatural envolvia a capela ardente. O senhor Martin e suas filhas não conseguem deixar de contemplar a fisionomia serena daquela que, depois de ter trabalhado tanto, finalmente descansava".[43]

Zélia é sepultada no dia 29 de agosto, no cemitério Nossa Senhora de Alençon. A morte terrível de uma mãe de cinco filhas é mais bem compreendida à luz do Evangelho: "Se o grão de trigo que cai na terra não morrer, permanecerá só; mas se morrer, produzirá muito fruto" (Jo 12,24). Fruto de graça para sua família, e para tantos outros que a bem-aventurada Zélia Martin vai ajudar. É provável que, no Céu, Zélia ainda não esteja descansando tanto assim...

---

[42] CF 217.
[43] HF, p. 191.

AS OFERENDAS DE LUÍS

Após a morte de Zélia, os Guérin insistem com Luís em nome da realização do último desejo de sua esposa: convencer os Martin a se mudarem para Lisieux, ficando assim mais perto deles. Desse modo, Isidoro e Celina poderão ajudá-lo na educação das filhas, e com suas filhas Joana e Maria, voltar a formar uma grande família. Luís não hesita por muito tempo e acaba concordando em se mudar, pelo bem de suas filhas. Para ele, o sacrifício não é pequeno: em Alençon se encontram sua mãe, seus amigos, o Pavilhão, seus túmulos, suas lembranças... Maria expressa muito bem isso numa carta a seu tio: "Ele faria por nós todos os sacrifícios possíveis; se preciso, sacrificaria a felicidade e a própria vida para nos tornar felizes; ele não recua diante de nada, não hesita nem mais um instante, acreditando que esse é seu dever e o bem de todas nós, e isso lhe basta".[1]

Isidoro também não poupa esforços, visitando não menos do que vinte e cinco residências para encontrar uma habitação ideal para os Martin. Ele a encontra no dia 10 de setembro de 1877: a 764 passos de sua farmácia (ele contou!) se encontra a encantadora residência que as meninas Martin batizarão "Les

---

[1] HF, p. 196.

Buissonnets".* Essa linda casa burguesa, de pequenas proporções, que possui um grande jardim, vai tornar-se o confortável ninho dessa família enlutada.

As meninas, após uma visita de despedida ao cemitério Nossa Senhora de Alençon, onde Zélia foi sepultada, se estabelecem em Lisieux no dia 15 de novembro, com a ajuda dos Guérin, ao passo que Luís permanece algumas semanas ainda em Alençon, para liquidar a empresa. Ele lhes escreve então, com algumas recomendações: "Aperto todas vocês contra meu coração, pois as amo e as confio a sua santa mãe".[2]

Mais uma vez, é uma esperança sólida que sustenta a família na provação do luto: todos sabem que Zélia permanece com eles, velando cada um. Luís não gostava de ficar longe da esposa nem mesmo por alguns dias. Podemos imaginar, portanto, o sofrimento que representa para ele a separação da morte. A ferida das crianças não é menor. Mas como Zélia havia previsto, seu lar adquire rapidamente outro equilíbrio: Leônia e Celina escolhem Maria como "mãezinha" substituta, enquanto Teresinha se afeiçoa a Paulina. Maria, que está com quase 18 anos, assume com coragem o papel de dona da casa e de educadora das irmãs menores, seguindo o exemplo de sua mãe, que vem apoiar a pedagogia visitandina que ela vivenciou.

Uma nova vida se organiza em Buissonnets, cujo "Rei querido", como afirmavam as meninas, é Luís. Os Martin, provados pela dor da separação, ficam mais próximos entre si e apreciam a companhia familiar. O interesse de Luís pela solidão não fez mais do que crescer com a perda da esposa e ele não procura introduzir-se na vida social de Lisieux, contentando-se em partir

---

* *Buissonnet*: diminutivo de *buisson* (tufo de ramagens de arbusto). (N.T.)
[2] CF 218.

a cada três meses para Alençon, a fim de visitar seus amigos, sua mãe, que passa uma velhice feliz na casa da antiga ama de leite Rosa Taillé, e para orar sobre o túmulo de seus queridos falecidos. Suas filhas quase não têm mais interesse pelas coisas do mundo, de modo que a família Martin frequenta a casa de poucas famílias que não a dos Guérin.

Entretanto, não é em si mesmos que seus membros se isolam, mas em Deus. Todos vão à missa pela manhã; Luís preside a oração familiar das refeições e da noite. Teresinha escreverá: "Eu só precisava observá-lo para ver como oravam os santos". Às vezes, essa alma contemplativa é de tal modo tocada pela graça que não consegue segurar as lágrimas. Mesmo deixando a Maria a incumbência de ensinar o catecismo às meninas, sua atitude é quase sempre ocasião para edificar as filhas. Vendo a bondade de Deus em todas as coisas, é capaz de comunicar ao seu redor seu encantamento e ação de graças; Teresinha se deleitará em lembrar às irmãs as frases que ele repetia com frequência, como esta: "O bom Deus jamais se deixa vencer em generosidade" ou "Senhor, aumentai em nós a fé".

Luís reservou para si, em substituição ao Pavilhão, o cômodo mais elevado da casa, o Belvedere, transformando-o numa quase cela de orações e de estudo. Aí ele passa longas horas, lendo ou orando. Podemos estar certos de que na oração ele também encontra sua querida esposa. Uma confidência de 1885 nos permite imaginar a força de seu amor, que ultrapassa os limites da morte: "A lembrança de sua mãe também me acompanha constantemente".[3]

É a ela que Luís, tanto quanto Maria, pede ajuda para a educação das crianças. Maria tem consciência de que não pode substituir uma mãe como a sua e faz esta humilde oração: "Es-

---

[3] CF 228.

pero mais da proteção de minha santa mãezinha do que de meus fracos esforços". Oração que produz frutos, especialmente com Leônia, sobre quem ela pode escrever: "Percebi que ela está mudando dia a dia há algum tempo; você não reparou, meu paizinho? Meu tio e minha tia já se deram conta. Estou certa de que é nossa mãe que nos concede essa graça e de que nossa Leônia um dia nos dará consolo".[4]

Luís, por sua vez, associa a sua autoridade paterna um carinho todo maternal: "Seu coração era de uma ternura excepcional para conosco", assegura Celina, "e ele vivia somente para nós: não há coração de mãe que o ultrapasse. E isso, sem fraqueza". Os assuntos domésticos corriqueiros ficam a cargo de Maria, mas é Luís quem dá a direção. Seus valores não mudaram depois de Alençon: a casa deve ser bem suprida, mas sempre num espírito de economia; nela se vive e se come com simplicidade. Luís não tolera desperdício nem gastos inúteis. Ele cuida para que as meninas tenham tudo de que necessitam para desenvolver-se: brinquedos, livros, animais, material de pintura para as artistas da família (Paulina e Celina), mas se opõe a qualquer capricho. A ociosidade está banida: para ele, a educação das filhas, a administração dos bens, o cuidado do jardim, dos pássaros e do galinheiro constituem o essencial de suas atividades, bem como, evidentemente, as obras de caridade: entre outras coisas, ele faz parte das Conferências de São Vicente de Paulo, ajuda um mosteiro vizinho a angariar fundos, dedica uma parte das segundas-feiras para receber pessoas pobres em casa.

Para as meninas, pintura, costura, manutenção da casa e estudos dão ritmo à vida diária. Sem conseguir se separar de Leônia, Celina e Teresinha, Luís não as coloca em colégio interno, matriculando-as como semipensionistas na Abadia, um

---

[4] HF, p. 207.

bom colégio de Lisieux, administrado por monjas beneditinas. Muitas vezes, ele mesmo vai buscá-las, ouvindo com atenção a descrição do dia de cada uma. Ele lhes ensina a respeitar a autoridade das professoras, e também a da nova empregada, Vitória. Esta se refere a Buissonnets como um verdadeiro pequeno convento, muito mais em razão da fé profunda e do amor que nele reinam do que do silêncio ou da clausura! Pois o ambiente em que vivem as cinco moças dinâmicas e seu bom pai é extremamente alegre.

Teresinha nos deixou longos relatos sobre as noites e os domingos em que a família se reunia. Toda noite, com efeito, Luís se transforma para suas filhas maravilhadas em pastor--animador da festa: começa lendo para elas, e comentando um trecho de espiritualidade, amiúde extraído de *L'Année liturgique* [O Ano litúrgico] de Dom Guéranger. Depois, com sua linda voz, canta para elas algo extraído de seu vasto repertório ou se presta a fazer cômicas imitações... Teresinha fica sobre seus joelhos, desfrutando tudo isso com imenso júbilo, e posteriormente fará bom uso dessa herança toda no Carmelo. Em seguida, vem a hora dos jogos, quando Luís se revela um jogador de damas imbatível. Por fim, todos se reúnem em torno da imagem de Nossa Senhora para agradecer-lhe por aquele dia. Domingo, após os ofícios, é dia do tradicional passeio, no qual Luís dá às filhas o deleite de tirar proveito de seus conhecimentos da natureza, ou então se põe a pescar, enquanto as meninas se divertem ao seu redor.

A comemoração de São Luís é um dia de festa em Buissonnets. A casa fica toda enfeitada de flores e guirlandas, e as cinco meninas sobem sem fazer o menor barulho até o Belvedere para fazer uma surpresa ao pai. Teresinha vai com seu pequeno cumprimento, um dos quais se conservou, revelando-nos o amor que as crianças Martin têm por seu "Rei":

Crescendo, vejo tua alma
toda cheia de Deus e de amor.
Esse exemplo bendito me inflama:
quero seguir-te também.
Quero ser neste mundo
tua alegria, teu consolo.
Quero imitar-te, paizinho,
a ti que és tão terno, tão doce, tão bom.

Depois, segue-se uma grande refeição de festa. Luís considera importante mostrar o mundo às filhas, levando-as sucessivamente a Paris, ao litoral, a Deauville e Trouville, onde elas passam ótimas férias na casa dos Guérin, à grande Exposição do Havre... Assim, a família vive por um momento a tranquila felicidade com a qual Zélia tanto sonhara para os seus.

Ainda que, como a esposa, Luís dê toda a liberdade às filhas para que possam decidir quanto ao futuro, o ambiente familiar é propício à eclosão de suas vocações. Uma a uma, as meninas Martin ouvirão ressoar em seu coração o chamado à consagração. Luís apoiará cada uma delas no processo de discernimento, o que para ele não será fácil.

Paulina é a primeira a querer voar do ninho, como Zélia previra. O exemplo de sua tia visitandina a marcou profundamente e é dela que Paulina recebe, num sonho misterioso, a confirmação de sua vocação. Considerando a situação familiar depois da morte da mãe, Paulina dá prioridade a permanecer por um tempo junto aos seus, para auxiliar Maria na educação de Celina e Teresinha. No entanto, o chamado se torna cada vez mais urgente e, no fim de 1881, aos 20 anos, ela entra em contato com as Irmãs da Visitação de Le Mans, para onde tudo parece conduzi-la. Mas no dia 16 de fevereiro de 1882, participando da missa bem perto da imagem de Nossa Senhora do Carmo, ela é arrebatada por uma certeza: é para a Ordem de Santa Teresa d'Ávila que o Senhor a chama. Em Lisieux se encontra um Carmelo, fundado há pouco; ali ela às vezes entra com seu pai para rezar.

Luís está em seu retiro no Belvedere quando vê a filha se aproximar, completamente emocionada. É com grande bondade que ele acolhe a confidência da jovem, tomando a liberdade de fazer apenas uma pergunta, que lhe ordena o bom senso: a saúde frágil de sua Paulina será capaz de suportar o rigor da ascese carmelita? Diante da determinação da filha, ele não apresenta mais nenhuma objeção e lhe dá sua bênção. Seu coração de pai, porém, está dividido: por um lado, é profunda a felicidade de ver que Deus chama sua filha, motivo de honra e alegria, e ele sabe que pode contar com o Senhor para fazê-la feliz. Por outro lado, para ele que não gosta nada de separações, o sofrimento também é grande. E não esconde isso de Paulina, confiando-lhe com emoção, ao deparar-se com ela na escada: "Minha querida Paulina, eu permito, para sua felicidade, que você entre no Carmelo, mas não pense que seja sem sacrifícios de minha parte, pois a amo tanto!".

Todas as meninas Martin concordarão em ver em Luís um Abraão dos tempos modernos: em 2 de outubro de 1882, pela primeira vez, o patriarca sobe o Monte Carmelo para no alto dele oferecer a Deus sua filha. É com profunda dor que ele lhe diz ao deixá-la: "Será que não voltarei a vê-la nunca mais?". Pois no Carmelo, uma grade separava o visitante da religiosa, e a família Martin só tem direito a uma rápida visita por semana. Esses parlatórios logo se tornam a grande felicidade de Luís, não somente por neles encontrar a filha, mas também porque ela o inicia nos mestres do Carmelo: João da Cruz e Teresa d'Ávila. O humilde pai permite que a filha o ensine sobre os caminhos da oração carmelita, pelo que sua alma sedenta de Deus fica plena.

Mas uma nova tribulação o aguarda: o equilíbrio de Teresinha, que na época está com 10 anos, é profundamente abalado pela perda de sua segunda mãezinha, Paulina, e a caçulinha tão querida de Luís fica gravemente doente em março de 1883. A medicina logo se revela impotente e Luís vê sua pequena rainha afundar em sua doença: ela não o reconhece mais e um dia, ele é obrigado a sair de seu quarto aos prantos, pois a pequena gritou de medo ao vê-lo. Luís, como ele mesmo afirma, faz um "cerco" ao Céu para salvar Teresinha. Entre outras coisas, oferece uma novena de missas na Igreja de Nossa Senhora das Vitórias. É durante essa novena, no dia de Pentecostes, que a imagem da Virgem Maria tão venerada pela família adquire vida e, sorrindo, cura a garotinha de todos os males. É com imensa felicidade que Luís pode escrever a um de seus amigos: "Direi a você que Teresinha, minha pequena rainha – é assim que a chamo, pois se trata de um mimo de menina, garanto a você –, está completamente curada; as inúmeras orações fizeram um cerco em volta do Céu e Deus, tão bom, quis ceder".[5]

Nessa mesma época, Maria fica conhecendo um jesuíta, o Padre Pichon, grande pregador. Ele pouco a pouco se tornará conselheiro espiritual de toda a família. Sem que Luís perceba, sua filha mais velha começa então um difícil discernimento vocacional que também a conduzirá ao Carmelo. Mas antes disso, ela permitirá que seu pai realize um de seus sonhos: uma peregrinação à Terra Santa. Sabemos como Luís gostava de fazer peregrinações. Aos 62 anos, não o apavora a aventura do caminho, muito pelo contrário: ele não conseguirá chegar à Terra Santa, mas atravessará em um mês e meio, acompanhado por um amigo padre, Munique, Viena, Constantinopla, Atenas, Nápoles e Roma. Sua alma se enche de ação de graças diante

---

[5] CF 220.

de todas as maravilhas que eles encontram: "Se eu pudesse" – escreve às filhas – "fazê-las sentir tudo o que estou sentindo ao admirar as grandes e belas coisas que surgem diante de mim! Meu Deus! Como são admiráveis vossas obras! Eu seria capaz de gritar o tempo todo: 'É muito, Senhor, vós sois muito bom para mim!'".[6] Roma, em especial, toca seu coração de cristão. Mas Luís fala sobre a viagem como bom agostiniano: "Tudo o que vejo é esplendido, mas essa beleza é sempre a terrena e nosso coração não se sacia com nada enquanto não contemplar a beleza infinita que está em Deus. Em breve, terei o prazer de estar em família; é essa beleza que nos torna ainda mais próximos".[7] Portanto, é com felicidade e muitas histórias novas para contar que ele volta para casa.

Luís poderia ter concluído sua vida assim: cercado pela afeição de suas filhas, rei amado do território em Buissonnets. Mas Deus tem para ele projetos mais grandiosos. Quando se considera a fecundidade do ato de fé de Abraão, que, por não ter recusado a Deus seu filho único, engendrou a multidão dos crentes, podemos imaginar a fecundidade do ato de fé de Luís, que oferecerá a Deus todas as filhas, uma a uma, antes de oferecer-lhe a própria vida. O segundo desses sacrifícios – e de modo nenhum o menor – é o de Maria, que decide, em 1886, juntar-se a Paulina no Carmelo. Luís sempre amou a filha mais velha – seu "diamante" – com particular predileção, e desta vez não consegue disfarçar sua dor. Maria conta: "Ele deu um suspiro ao ouvir tal revelação, pela qual estava muito longe de esperar, pois nada permitia suspeitar que eu quisesse ser religiosa. Após sufocar algo como um soluço, ele me disse: 'Ah!... Ah!... Mas... sem você!'. Não conseguiu acabar. E eu, para não emocioná-lo,

---

[6] CF 225.
[7] CF 229.

respondi com segurança: 'Celina é grande o bastante para me substituir; você verá, papai, que tudo ficará bem'. Então esse pobre paizinho me respondeu: 'O bom Deus não podia me pedir maior sacrifício! Eu achava que você nunca me deixaria!' E me abraçou para esconder a emoção".

O golpe logo será duplicado, pois durante a viagem de despedida de Maria a Alençon, Leônia, sem ter adiantado nada a ninguém, entra para o mosteiro das clarissas. A família fica consternada, mas Luís, com grandeza de alma, se manifesta em defesa da filha. No fundo, ele não acredita muito que Leônia conseguirá seguir a austeridade das clarissas, mas lhe dá seu apoio, e quando ela volta depois de um insucesso estarrecedor, ele se esforça para amenizar da melhor maneira possível sua decepção. E acredita firmemente que, com a ajuda de sua mãe, essa filha também o trocará pela vida contemplativa.[8]

No dia 15 de outubro de 1886, na festa de Santa Teresa d'Ávila, Luís conduz Maria ao Carmelo. Em Buissonnets, Celina, que está com 17 anos, assume o posto de irmã mais velha, enquanto Teresinha, no auge de seus 13 anos, já se inflama por unir-se às irmãs maiores. Após a graça da "completa conversão", que a fez definitivamente sair da infância no Natal de 1886, ela decide não mais esperar e se abre com Luís, no dia de Pentecostes de 1887, sobre seu projeto. Teresinha conta com que delicadeza ele acolhe a notícia: "Em meio a lágrimas, confiei-lhe meu desejo de entrar para o Carmelo; então suas lágrimas vieram se misturar às minhas, mas ele não me disse uma palavra para me desviar de minha vocação, contentando-se simplesmente em me fazer ver que ainda era muito moça para tomar uma decisão tão séria. Mas defendi tão bem minha causa que, com sua natureza

---

[8] O que Leônia, sempre frágil, deverá fazer várias vezes antes de conseguir se fixar no convento das Irmãs da Visitação de Caen, em 1899.

simples e reta, papai logo ficou convencido de que meu desejo era o do próprio Deus e exclamou, em sua fé profunda, que o bom Deus lhe fazia uma grande honra ao pedir-lhe assim suas filhas; continuamos por longo tempo nosso passeio; meu coração, aliviado pela bondade com a qual meu incomparável pai havia acolhido essas confidências, se derramava serenamente no seu. Papai parecia satisfazer-se com essa alegria tranquila que é dada pelo sacrifício consumado; ele ma falou como um santo".[9]

Luís dá então a medida máxima de sua abnegação paterna: ele não se contenta em dar a Teresinha sua autorização, mas diante da recusa do superior do Carmelo em permitir a entrada de uma moça tão jovem, com admirável desinteresse lançará mão de todos os meios para ajudá-la. Assim, ele a apresenta ao bispo, a tranquiliza, a consola, e como último recurso... a conduz até o Papa, em Roma, para conseguir a tão esperada autorização!

Dom Hugonin, o bispo a quem se recorre primeiro, não consegue esconder a admiração: "Jamais se viu um pai tão apressado para entregar sua filha a Deus quanto essa criança para oferecer-se a si mesma!". O zelo pelo serviço de Deus arde com tanta força em Luís que ele não dá importância à própria dificuldade e se faz assim o instrumento perfeito da Providência: sem seu apoio, Teresinha não teria entrado no Carmelo antes dos 21 anos – e o que teria sido então de sua "corrida de gigante"? Diante da hesitação do bispo, Luís e Teresinha decidem por fim recorrer a instâncias superiores: ao próprio Papa. Com Celina (Leônia havia ingressado então pela primeira vez na Visitação), eles se inscrevem na peregrinação nacional a Roma. De qualquer maneira, o grande viajante está muito contente por ter a chance de revelar a suas filhas as belezas da Itália e da cidade eterna.

---

[9] *História de uma alma*. Manuscrito A, 50 r e v.

Luís vive com intensidade essa nova peregrinação, impressionando os outros peregrinos por seu recolhimento, mas também por sua delicada caridade: deixando aos outros os melhores lugares, esforçando-se por amolecer um peregrino sisudo, encontrando a primeira oportunidade para apertar a mão de um peregrino que o chamou de fariseu... Ele se alegra em curtir a companhia de Teresinha, que logo o deixará, não largando seu braço. Não é pouco o orgulho de Luís por suas duas filhas, que o tratam com o mesmo carinho: "Não havia em toda a peregrinação", escreverá Teresinha, "senhor mais belo, nem mais distinto que meu Rei querido".

Enfim, chega o dia da audiência papal. Teresinha recebe do Papa uma palavra profética: "Você entrará se o bom Deus quiser"; e Luís, de certa maneira, um gesto profético: apresentam-no ao Papa como o pai de duas carmelitas e Leão XIII, em sinal de bênção especial, impõe demoradamente as mãos sobre ele. Maria, sempre próxima de seu pai apesar da clausura, lhe escreve: "Estou completamente envolvida pela bênção do Santo Padre. Ah! Não me espanta que ele tenha lhe lançado um olhar todo especial. Ele, o representante de Nosso Senhor na terra, devia estar inspirado por ele para compreendê-lo, ó pai venerado! Ele abençoou seus cabelos brancos, abençoou sua velhice!... Parece-me que foi o próprio Jesus que o abençoou, que olhou para você!...". Teresinha, alguns anos depois, é capaz de ver ainda mais longe nessa experiência singular: o Papa o marcou "com um sinal misterioso, em nome do próprio Cristo".

Luís faz de tudo para consolar a filha dessa aparente derrota, mas depois partilha de sua alegria quando enfim, no dia 1º de janeiro de 1888, ela recebe a permissão de entrar no Carmelo. Três meses de espera ainda são exigidos; nesse tempo, Luís se esforça ao máximo para mimar sua caçulinha, oferecendo-se inclusive para levá-la à Terra Santa. No dia 9 de abril, ele sobe pela terceira vez a montanha do Carmelo para oferecer a Deus o que possui de mais precioso. É de joelhos, e entre lágrimas, que ele abençoa pela última vez Teresinha antes de vê-la desaparecer na clausura. No dia seguinte, escreve a um amigo: "Teresinha, minha pequena Rainha, entrou ontem no Carmelo! Só Deus poderia exigir um sacrifício como esse, mas ele me ajuda com tanto poder que, em meio às lágrimas, meu coração transborda de alegria!".[10] A alguém que lhe diz que ele não tem nada a invejar de Abraão, responde vivamente: "Sim, mas confesso que teria erguido lentamente minha espada, à espera do anjo e do cordeiro".[11] Celina descreve ao Carmelo o heroísmo paterno e Paulina responde, fazendo-se a porta-voz de Zélia: "Como nossa boa mãe deve estar a sorrir-lhe lá de cima, como deve estar contente por ver sua barca querida tão bem guiada por você na direção do Céu...".

Nesse momento, Leônia está de volta à casa, tendo sido obrigada a interromper uma primeira tentativa da Visitação por causa de um problema de saúde. Luís não tem a menor dúvida: ela logo voltará para lá. Resta-lhe apenas Celina, que está com 19 anos. Observando seu talento para a pintura, Luís se propõe, alguns anos após a partida de Teresinha, a acompanhá-la a Paris para estudar. Celina não aceita a oferta e se sente obrigada a revelar-lhe o motivo: também ela ouviu o chamado para o Carmelo. "Venha logo", Luís exclamou, "vamos juntos, na presença do Santíssimo Sacramento, agradecer ao Senhor pelas graças que tem concedido a nossa família, e pela honra que me presta escolhendo para si esposas em minha casa. Sim, o bom Deus me concede uma grande honra ao me pedir todos os meus filhos. Se eu possuísse algo de melhor, não hesitaria em lhe dar".

---

[10] CF 230.
[11] Ver Gênesis 22.

Ainda que a perspectiva dessa nova separação seja dolorosa, Luís exulta. Ele usufrui nesse momento de uma graça especial de paz e alegria. Do outro lado das grades, ele sente a calorosa afeição de suas filhas. Uma alegria sobrenatural o habita, e suas filhas verão nesse período uma espécie de Tabor.[12] Entretanto, Teresinha escreverá:

> *Viver de amor não é sobre a terra*
> *fixar a tenda no alto do Tabor.*
> *Com Jesus, é subir o Calvário,*
> *É olhar a cruz como um tesouro!*[13]

Luís gostava de recitar esta oração que Maria lhe tinha dado, escrita numa imagem de Cristo crucificado: "Que nesse objeto tudo esteja consumado... E possa a morte, vindo no último dia de minha peregrinação, me tocar, encontrar em mim a imagem de um Deus crucificado". Depois de oferecer a Deus todas as filhas, é a própria vida que Luís oferecerá em holocausto, tornando-se imagem viva da Sagrada Face.

Um ano antes, no dia 1º de maio de 1887, não tendo ainda completado 64 anos, ele sofre um primeiro ataque da doença que o levará deste mundo. No momento de se dirigir à missa das sete horas, Luís é atingido por uma paralisia: todo o lado esquerdo perde a sensibilidade, a língua fica pastosa. É o primeiro ataque cerebral de uma arteriosclerose que piorará ao longo de sete anos – com fases de melhora e piora – e que, associada a crises de uremia, comprometerá suas faculdades intelectuais. Por ora, seria preciso mais para impedi-lo de ir à missa; como Zélia, alguns anos antes, ele se locomove com dificuldade em direção à igreja e ao voltar para casa, diz às filhas: "Minhas

---

[12] Lugar da Transfiguração.
[13] PN 17, estrofe 4.

pobres filhas, somos tão frágeis quanto as folhas das árvores; à noite, temos como elas um aspecto vigoroso; pela manhã, uma hora de geada nos faz perder a vitalidade e nos derruba". Sendo chamado, Isidoro prescreve repouso absoluto e vem aplicar doze sanguessugas atrás do ouvido do cunhado, que não perde o senso de humor: "Acho que a mesa do festim é muito pequena para tantos convivas".

Nos meses seguintes, Luís se cansa cada vez mais rápido. Durante a peregrinação a Roma, ele às vezes fica tão pálido que assusta as filhas. No mês de maio de 1888, após a confidência de Celina, viaja para Alençon. Voltando a Lisieux, conta no parlatório do Carmelo: "Na igreja de Nossa Senhora, recebi tão grandes graças, tamanhas consolações, que fiz esta oração: *Meu Deus, para mim isso é demais! Sim, estou demasiado feliz: não é possível ir para o Céu assim. Quero sofrer algo por vós!* E assim me ofereci...".

Notemos que é em Alençon, perto de Zélia e de certo modo por influência dela, que ele se oferece como "sacrifício vivo, santo e agradável a Deus" (Rm 12,1). Alguns dias depois, o vigário da Catedral de Lisieux lança um apelo aos paroquianos: precisa de dez mil francos para mandar construir um novo altar-mor. Dez mil francos são o valor do dote de uma de suas filhas. Luís os leva sem demora ao vigário admirado, exigindo dele que apenas mantenha a doação em segredo. Ao saber disso, Isidoro protesta contra esse gesto que considera excessivo; Teresinha lhe responde: "Depois de ter dado todas nós ao bom Deus, é natural que ele ofereça um altar para nos imolar e imolar a si mesmo". Toda a família parece pressentir a resposta do Senhor à oferenda de Luís.

Sem o verdadeiro valor da Cruz, estaríamos diante de uma mera piedade de exaltação da dor: a Cruz de Cristo nos salvou; é a cruz que todo cristão, cuja vocação é ser um *alter Christus* [outro Cristo], também é chamado a abraçar, para a salvação do mundo. Na doença de Luís, desenha-se uma verdadeira Paixão, cujos frutos só poderemos conhecer no Céu.

A partir do fim do mês de maio de 1888, seu estado de saúde se agrava sensivelmente: mal-estares, disfunções urinárias, perdas de memória, perda da noção do tempo... Ele se dá conta disso ao encontrar seu periquito preferido morto por não ter sido alimentado. Suas filhas religiosas ficam preocupadas com sua situação e Celina decide ficar junto do pai o tempo que for necessário. Ele permanece em paz, dizendo às carmelitas: "Não temam por mim, minhas filhas, pois sou amigo do bom Deus". Ele não espera que Deus o tire dessa dificuldade, sabendo que o Senhor sempre agirá do melhor modo em sua vida. É ainda em sã consciência que ele aceita o sacrifício e suas consequências: um dia, quando Celina lhe falou sobre um homem que estava perdendo a lucidez, ele respondeu que não havia em sua opinião maior provação do que essa.

A partir do mês de junho de 1888, as primeiras alucinações aparecem: Luís acha que a vida de suas filhas está ameaçada, que a guerra voltou. Ele chega inclusive a fugir de casa, explicando a suas filhas apavoradas que queria se tornar eremita. Os meses que se seguem são um pesadelo para todos. Em momentos de lucidez, Luís chama às vezes a morte de seus votos, mas conclui sempre: "Tudo para a maior glória de Deus!" – a frase que ele repete como um refrão ao se sentir perdido. Celina comenta: "Mesmo deformados, todos os pensamentos de nosso bom pai se mantinham orientados para o serviço de Deus, que havia sido o centro de toda a sua vida".

Celina fica com o coração partido por ver seu pai nesse estado, ao ponto de a ideia de suicídio lhe atravessar o espírito. Suas irmãs religiosas acrescentam a esse sofrimento a impotência dolorosa em que o claustro as encerra. Todas vivem no temor de uma piora. Entretanto, em janeiro de 1889, Luís parece estar melhor. Fruto de uma graça particular, ele pode estar presente à vestição de sua Rainha e participar de sua alegria. Teresinha verá, nesse dia magnífico em que, segundo o costume da época, Luís conduz sua caçulinha ao altar, "O Domingo de Ramos" de seu pai.

Um mês depois, tem início a dolorosa Paixão de Luís e de toda a família. No dia 12 de fevereiro, data que Teresinha, com uma fé sublime, não hesita em inserir entre os maiores dias de graça de sua vida, Luís é atingido por um delírio bem mais forte que os anteriores: pensando que a revolução está às portas da cidade, pega uma arma de fogo para sair em defesa das filhas carmelitas. Celina e Leônia assistem sozinhas à cena atroz, sem conseguir pensar no que fazer. Precavido, Isidoro se vê obrigado a tomar a decisão que se impõe: internar Luís no hospital psiquiátrico do Bom Salvador, em Caen. Celina conta: "Leônia e eu, mudas, ficamos em silêncio o tempo todo; estávamos arrasadas, despedaçadas".

"Quando fores velho, estenderás a mão e outro te cingirá e te conduzirá aonde não queres" (Jo 21,18). A Paixão se dá quando ao horror da situação se acrescenta a humilhação. Os rumores na cidade, e mesmo no Carmelo, não dão trégua: comenta-se que a austeridade de Luís o fez perder a razão, ou então que ele contraiu sífilis, ou ainda que suas filhas são responsáveis por seu estado de saúde, por causa da tristeza que lhe causaram ao deixá-lo. Mas o que mais estilhaça o coração das filhas Martin é saber que seu pai, seu Rei adorado, foi parar "no meio dos loucos", entregue a mãos estranhas.

Ao evocar a "grande provação" de sua vida, Teresinha não fala de sua noite escura da fé, mas da doença de seu pai. Provação essa de que ela se serve como de um trampolim para dar um salto de pura fé: como havia antes descoberto a bondade do Pai no rosto do pai da terra, ela reconhece agora o rosto humilhado de

Cristo no rosto de Luís. Mediante a Paixão de seu pai, Teresinha descobre a Paixão de Jesus, em sua completa loucura de amor pela humanidade. É nessa época que Teresinha do Menino Jesus se torna Teresinha do Menino Jesus e da Sagrada Face.[14] Ela escreverá: "Jesus arde de amor por nós... Olhe sua face adorável!... Olhe seus olhos tristes e sem luz!... Olhe sua chagas... Olhe Jesus em sua face... Lá você verá como ele nos ama".

Para as filhas Martin, sua família vem ser golpeada como outrora a de Jó, mas, conforme a expressão de Teresinha, trata-se de um "golpe de amor". Desse modo, de comum acordo elas mandam pôr uma placa de bronze na capela do Carmelo, abaixo da imagem da Sagrada Face, com os seguintes dizeres: *Sit nomen Domini benedictum* – citação tirada do livro de Jó: "Nu saí do ventre de minha mãe e nu voltarei para lá. Iahweh o deu, Iahweh o tirou, *bendito seja o nome de Iahweh*" (Jó 1,21). O primeiro fruto da Paixão de Luís é certamente essa extraordinária injeção de fé no coração das filhas, sem a qual Teresinha não teria sido a santa extraordinária que conhecemos.

Portanto, Luís está num "asilo". Mas, viver num hospital psiquiátrico não é obstáculo à santidade. Fundado por Dom Jamet, o hospital psiquiátrico do Bom Salvador não é o inferno que poderíamos imaginar: na época, foi um hospital pioneiro, onde os doentes eram tratados com grande humanidade por religiosas que tinham vocação para esse trabalho. O tratamento consiste numa regularidade perfeita do ritmo de vida e numa ocupação constante. Durante os três anos que passará aí, Luís terá momentos de bastante lucidez para sentir, aceitar e santificar sua provação. Irmã Costard, que cuidará dele com especial

---

[14] Em 1895, toda a família, depois de Paulina, entrou para a confraria da Sagrada Face. Venerando a face desfigurada de Jesus, venerava-se sua Paixão e, assim, o mistério de nossa salvação.

benevolência, o acolhe dizendo que ele poderá ser um apóstolo precioso para todos os doentes que estão à sua volta. Ele responde: "É verdade, mas eu preferiria ser apóstolo em outro lugar que não aqui. Enfim, que seja feita a vontade de Deus! Creio que isso servirá para abater meu orgulho". E ao médico: "Sempre fui acostumado a comandar e aqui me vejo reduzido a obedecer; não é fácil. Mas sei por que o Senhor Deus me deu essa provação: jamais havia tido humilhação alguma em minha vida: faltava-me uma!".

Apóstolo, ele o será, primeiramente junto aos outros pensionistas. Luís sabe ver além da aparência de loucura corações a converter. Ele não aceita o apartamento separado que lhe oferecem para viver no meio dos outros, reparte com todos os quitutes que recebe das filhas, não cessa de lhes pregar o amor de Deus. Do mesmo modo, edifica os funcionários da clínica: "Além de nunca se queixar, ele acha tudo o que lhe damos excelente. Faz renúncias sem fim", escreve Irmã Costard, que, como outras enfermeiras, fica comovida pela doçura de Luís e diz o tempo todo: "Ele tem algo de tão venerável!".

É evidente que também há crises de agitação e confusão, delírios de alucinação, quando se deve separá-lo dos outros. Depois desse momento, o mais terrível entre todos, após um mal-entendido, dois magistrados vêm à procura de Luís e o pressionam a abrir mão de seus bens, alegando ter vindo da parte de suas filhas. Luís se derrama em lágrimas, dizendo: "Ah! Minhas filhas estão me abandonando e não têm mais confiança em mim!". Para ele, nada poderia ser mais amargo. Felizmente, Celina e Leônia, que vão visitá-lo semanalmente, o tranquilizam em relação a isso. Essas visitas, assim como as cartas do Carmelo cheias de carinho e encorajamento, são seu maior consolo. Entretanto, ele não se prende a isso e, sabendo que Leônia e Celina estão de férias na casa dos Guérin, exclama: "Melhor assim! Diga a elas para ficarem por lá tanto quanto seu bom tio achar necessário. Não quero que elas voltem por minha causa".

Como sempre, é na oração que Luís encontra seu maior auxílio. Ele é o visitante mais assíduo da capela e comunga com a frequência que seu estado de saúde permite. Em seus períodos de lucidez, é capaz de identificar a vontade de Deus em sua situação e só pede para vivê-la mais santamente. A suas filhas, que lhe propõem de se unir a elas numa novena por sua cura, ele responde: "Não, não se deve pedir isso, mas somente a vontade do bom Deus". É preciso reconhecer num abandono tão sublime o prolongamento de todos os abandonos sucessivos de sua vida. Luís, nessas circunstâncias terríveis, continua corajosamente seu caminho de santificação. "Creio sinceramente", escreve Celina a suas irmãs, "que à medida que o tempo passa, mais a expressão de seu rosto fica serena e santa". Para convencer-nos disso, basta observarmos a última fotografia de Luís em vida.

Ao longo desses três anos, ele declina pouco a pouco, mental e fisicamente. Em 1892, Celina o descreve assim: "O resultado dos ataques que ele teve foi uma dulcíssima infância, mas não ainda a infância propriamente dita, pois ele compreendia e sentia o que crianças não compreendem nem sentem, e constatava-se a tristeza que ele sentia por não poder expressar-se como gostaria".

Luís não representa mais um perigo para os outros, nem para si mesmo, e suas pernas agora paralisadas reduzem sua autonomia. Assim, no dia 10 de maio de 1892, recebe alta do hospital. Dois dias depois, levam-no ao Carmelo: ele não consegue falar, mas parece entender todas as palavras das filhas. E quando elas lhe dizem até logo, ele ergue o dedo indicador e consegue articular: "No Céu!".

A volta para casa ameniza a provação, tanto para ele quanto para as filhas. Leônia e Celina alugam uma casa pequena, perto dos Guérin, no centro de Lisieux, e instalam o pai no andar térreo. Um empregado dos mais dedicados, Désiré, fica encarregado de cuidar dele. Do contato com o santo homem e sob a chuva de orações de Celina, Désiré acaba se convertendo. A ajuda dos Guérin continua a ser indispensável e eles não deixam de velar por toda a família. Luís é só doçura para os seus, ainda que às vezes pareça imerso numa imensa tristeza. Ele fala raramente, mas nunca de maneira delirante, demonstrando sua alegria quando Paulina é eleita priora do Carmelo de Lisieux em 1893, ou pedindo que se reze por ele.

Em meio ao naufrágio de suas faculdades e de sua memória, alguns caracteres de sua personalidade permanecem intactos: sua amabilidade, sua alma contemplativa. Sua felicidade nunca é maior do que quando o levam passear em meio à natureza. Depois de os Guérin herdarem uma propriedade na região do Eure, em Musse, Luís passará ali seus dois últimos verões. Celina descreve uma cena em que podemos vê-lo como nos velhos tempos: "Lembrar-me-ei por toda a vida de seu lindo rosto quando, ao cair da noite, no fundo do bosque, paramos por um momento para ouvir o rouxinol. Ele ouvia... com uma expressão no olhar! Era como um êxtase, um não sei o quê da Pátria que se refletia em seus traços. Em seguida, após um bom momento de silêncio, continuávamos a ouvir, e pude ver que lágrimas escorriam de seu rosto querido".

É em Musse que Luís morre. No dia 27 de julho de 1894, ele fica extremamente fraco, e no dia 28, recebe os últimos sacramentos. No domingo do dia 29, pela manhã, começa a agonia: respirando com dificuldade, Luís parece estar inconsciente. Porém, pouco antes das oito da manhã, quando Celina recita em alta voz a tripla invocação "Jesus, Maria e José", ele abre bem os olhos e olha para a filha com uma ternura da qual ela nunca se esquecerá. Nesse olhar tão vivo, ela acredita estar revendo, no espaço de um instante, seu Rei no esplendor dos velhos tempos.

Depois, as pálpebras de Luís se fecham para sempre. Luís, no limiar desse domingo, desse dia do Senhor que tanto defendeu, entra na Vida. "Não era preciso que o Cristo sofresse e que, por isso, entrasse em sua glória?" – eram os dizeres da lembrança de seu funeral. O Céu nunca está longe e Teresinha canta: "Nosso pai querido está perto de nós! Depois de uma *morte* de cinco anos, que alegria ver que ele continua o mesmo, fazendo de tudo, como antes, para nos agradar".[15]

Luís foi ao encontro de Zélia, de sua Heleninha, de seus dois meninos e de sua primeira Teresinha. Ele precisará esperar até 1959, ano da morte de Celina, que também se tornou uma digna carmelita, para que toda a família esteja finalmente reunida no Céu. Referindo-se a essa família que mostrou ao mundo inteiro a face amorosa de Deus, ele escreveu: "Tenho urgência de agradecer e de lhes fazer agradecer ao bom Deus, pois sinto que nossa família, embora muito humilde, tem a honra de estar entre os privilegiados de nosso adorável Criador".[16]

---

[15] CT 169, a Celina, 19 de agosto de 1894.
[16] CF 231.

A BEATIFICAÇÃO DE UM CASAL

A Providência quis que fosse necessário esperar cento e cinquenta anos depois de casados para que Luís e Zélia fossem juntos proclamados bem-aventurados. No entanto, a *vox populi* dos que lhes eram próximos já os canonizara quando ainda eram vivos: as filhas Martin só se referem aos pais como "santos" e Isidoro se considera um "pigmeu" ao lado deles. Os vizinhos, amigos, padres e religiosos com quem conviviam: todos estão de acordo quanto à santidade do casal. A Igreja universal só ficaria sabendo disso no Céu, caso a caçula dos Martin não tivesse projetado os holofotes sobre seus pais, cantando muitas vezes:

O bom Deus me deu um pai e uma mãe
mais dignos do Céu do que da terra.[1]

Ergue os olhos para a Pátria Santa
e verás em tronos de glória
um Pai amado... uma Mãe querida...
aos quais deves tua imensa felicidade!...[2]

---
[1] CT 261, ao Abade Bellière, 26 de julho de 1897.
[2] PN 16, estrofe 5.

Na noite da canonização de Teresinha, em 17 de maio de 1925, o cardeal Vico, responsável pela causa de beatificação, exclamou: "E, então, agora vamos pedir a Roma para cuidarmos do papai!".

A publicação da correspondência familiar, a partir de 1941, fará Zélia sair da obscuridade. Padre Piat escreve então *História de uma família*, que chega a cem mil exemplares vendidos no mundo inteiro.

A partir de então, o Carmelo e o Vaticano receberão milhares de cartas testemunhando a afeição de pessoas de todos os cantos do planeta por Luís e Zélia, bem como numerosas graças obtidas por sua intercessão: curas, reconciliações familiares, conversões, bênçãos temporais e espirituais... Luís e Zélia não têm sossego. Eis alguns exemplos,[3] enviados dos Estados Unidos a Celina nos anos de 1950:

"Ficaremos muito gratas se você puder nos enviar mil imagens de Luís Martin e mil imagens de Zélia Martin com a oração por sua beatificação. Poderemos distribuí-las aqui e trabalhar por essa causa tão santa. Acreditamos que eles já fizeram um milagre aqui, ao curar uma garotinha de uma doença sem esperança e incurável: uma leucemia. Uma novena foi feita em honra deles e ela foi curada" (priora de um Carmelo dos Estados Unidos).

"O querido pai continua a praticar sua caridade, mesmo neste continente. Apenas um exemplo: uma de nossas irmãs, Irmã Delphine, falecida agora, recebeu a visita de uma mãe que lhe pediu conselho acerca de uma pesada cruz que precisava carregar. Irmã Delphine lhe disse: 'Reze a Santa Teresinha'. Poucos dias depois, essa mãe, passando em frente à igreja franciscana de São Pedro, no coração de Chicago, encontrou um senhor idoso que

---

[3] Testemunhos publicados na revista *Thérèse de Lisieux*, n. 890, julho de 2008.

lhe disse: 'A senhora está atribulada? Entre nesta igreja e, às três horas, um padre de elevada estatura irá ao confessionário. Vá até lá, diga-lhe o que a atormenta e ele a ajudará'. A jovem mulher fez como o gentil senhor lhe havia recomendado, e o padre pôde tranquilizá-la completamente. Posteriormente, sua tia lhe ofereceu um exemplar de *História de uma alma*... Qual não foi então sua surpresa quando, ao folheá-lo, ela se deparou com o retrato do senhor Martin! E exclamou: 'É o mesmo homem que encontrei na porta da igreja de São Pedro e que me aconselhou!'... Esse não é o único caso... Seu paizinho continua a fazer o bem sobre a terra com sua Teresinha" (Irmã Marie-Stéphanie, EUA).

"Roguei ao pai e à mãe de Santa Teresinha, Luís e Zélia Martin, para me ajudar a salvar meu lar, que estava a dois passos do divórcio. Estou feliz por dizer que, por sua intercessão, minha oração foi imediatamente atendida" (Sra. J, EUA).

As petições solicitando beatificação deles recebem dezenas de milhares de assinaturas. Em resposta ao fervor popular, os bispos de Alençon e Lisieux abrem dois processos de beatificação que são conduzidos separadamente, de 1957 a 1960, antes de ser reunidos numa só causa. Padre Simeão da Sagrada Família, postulador da causa, Dom Giovanni Papa e a senhora Marie Perier se dedicam durante anos a um trabalho crítico e histórico para redigir a *Positio*, dossiê de mais de duas mil páginas sobre todos os aspectos da vida dos Martin. Pela primeira vez, a causa de um casal é introduzida no Vaticano. Diversos acontecimentos retardarão o processo e somente em 1994 João Paulo II assinará os decretos de heroicidade das virtudes de Luís e Zélia Martin, proclamando-os "veneráveis".

A Igreja, em sua bela prudência, antes de beatificar ou de canonizar alguém, sempre pede ao Céu uma confirmação, ou seja, um milagre. E foi numa família italiana, em julho de 2001, que ele aconteceu: Valter e Adélia Schiliro trazem à vida Pietro, cujos pulmões são malformados, conseguindo respirar apenas com a ajuda de aparelhos. Os médicos consideram seu caso perdido.

A pedido do padre Antonio Sangalli, toda a família, os funcionários do hospital, a paróquia e grupos de oração se põem a pedir a intercessão de Luís e Zélia, cuja resposta não se faz esperar: Pietro é milagrosamente curado e se tornou um lindo garotinho que, aos 7 anos, foi a Lisieux com a família agradecer aos "pais do céu".

Após longa e minuciosa análise, a Igreja reconhece essa cura como um milagre alcançado por intercessão dos Martin, e no dia 13 de julho de 2008, exatamente cento e cinquenta anos após seu casamento, marca a beatificação desse casal incomparável para 18 de outubro de 2008.

Por que tanta espera, inclusive adiamentos entre a morte e a santificação de Luís e Zélia? Nisso podemos ver um desígnio da Providência. É para o nosso tempo, ameaçado pela cultura de morte, para os pais e as famílias contemporâneas, tão fragilizadas, que a Igreja dá Luís e Zélia Martin como modelos e como guias. Porque, de fato, eles testemunham que:

A vida leiga pode ser uma vida santa e missionária;
a família pode ser um lugar de amor tão forte
que manifeste ao mundo inteiro o amor de Deus;
é possível estar internado num hospital psiquiátrico e ser santo;
O Senhor é bom e vela por seus filhos.

Rendamos graças ao Senhor pelo presente que hoje ele nos dá com os beatos Zélia e Luís Martin. E confiando a eles nossas intenções, peçamos a Deus por sua canonização:[4]

---

[4] Oração oficial para pedir a canonização do casal Martin.

Deus de eterno amor,
vós nos dais nos bem-aventurados esposos
Luís e Zélia Martin
um exemplo de santidade vivida no matrimônio.
Eles guardaram a fé e a esperança
em meio às dificuldades e deveres da vida.
Educaram seus filhos
para que se tornassem santos.
Possam sua oração e exemplo
apoiar as famílias em sua vida cristã
e nos ajudar a todos no caminho para a santidade.
Se essa é a vossa divina vontade,
dignai-vos nos conceder a graça que vos pedimos agora
por sua intercessão,
e inscrevê-los no número dos santos de vossa Igreja.
Por Jesus Cristo, Senhor Nosso.
Amém.

SUMÁRIO

SIGLAS UTILIZADAS 9
NOTA DA EDITORA 11
PREFÁCIO 13
INTRODUÇÃO 15
A JUVENTUDE OU O DESEJO DE DEUS 19
UM CASAMENTO DE AMOR 29
DEUS, O PRIMEIRO A SER SERVIDO 47
A VOCAÇÃO DE PAIS 63
AS EMPRESAS MARTIN 87
UM CASAL MISSIONÁRIO 99
O TEMPO DAS PROVAÇÕES 107
A PAIXÃO DE ZÉLIA 125
AS OFERENDAS DE LUÍS 147
A BEATIFICAÇÃO DE UM CASAL 169

Paulinas

Rua Dona Inácia Uchoa, 62
04110-020 – São Paulo – SP (Brasil)
Tel.: (11) 2125-3500
paulinas.com.br – editora@paulinas.com.br
Telemarketing e SAC: 0800-7010081